Bernd Isert

Die Sprache der Veränderung

Bernd Isert

Die Sprache der Veränderung

Schätze aus NLP und Hypnotherapie

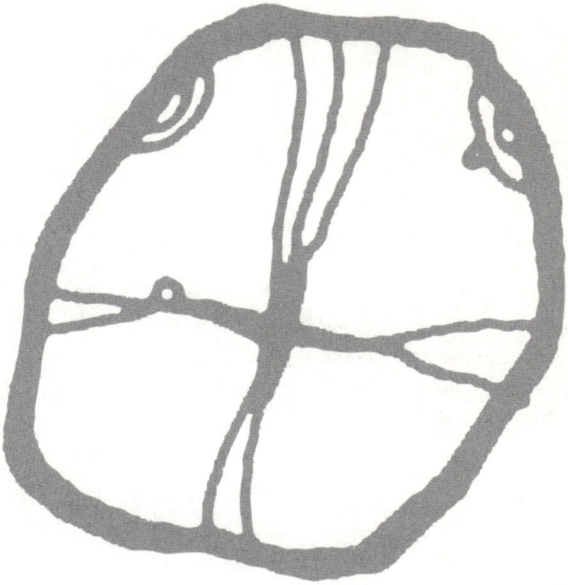

VAK

VAK Verlags GmbH
Kirchzarten bei Freiburg

Hinweise des Verlags:
In der vorliegenden Neuausgabe veröffentlicht der Autor wesentliche Teile seines Buches *Die Kunst schöpferischer Kommunikation*, das 1996 bei Junfermann erschienen und mittlerweile vergriffen ist. Der Text wurde in die neue Rechtschreibung übertragen.
Die Teile IV und V der alten Ausgabe, die hier nicht abgedruckt sind, können im Internet unter der Adresse www.vakverlag.de in der Detail-Ansicht zum Buch heruntergeladen werden.

Bibliografische Information der Deutschen Bibliothek
Die Deutsche Bibliothek verzeichnet diese Publikation in der Deutschen Nationalbibliografie; detaillierte bibliografische Daten sind im Internet über http://dnb.ddb.de abrufbar.

VAK Verlags GmbH
Eschbachstraße 5
79199 Kirchzarten
Deutschland
www.vakverlag.de

Covergestaltung und Illustrationen: Andreas Alapfy, Bernd Isert und Karl-Heinz Mundinger
Lektorat: Elke Bihusch, Norbert Gehlen
Satz: Goar Engeländer, Bad Lippspringe
Druck: MediaPrint, Paderborn
Printed in Germany
ISBN-13: 978-3-935767-68-2
ISBN-10: 3-935767-68-4

Inhalt

Zur Vorbereitung 8

Teil I: Ausdruck und Erfahrung 11

1. Eröffnung 12

2. Grundlagen des Sprachgebrauchs 13
   Vom Sprechen über die Sprache 13
   Sprache als Informationsträger 14
   Prinzipien der Kommunikation 16
   Relevanz und Werte 18
   Zwischen Erfahrung und Überzeugung 21

3. Sich verstehen 24
   Die Wirkung der Worte 24
   Sprache und Erfahrungswelt 24
   Bezugserfahrungen 25
   Die Landkarte und das Gebiet 27
   Oberfläche und Mehrdeutigkeit 28
   Ziele der Kommunikation 30
   Innerer Dialog 30
   Jenseits der Worte 32
   Verständnis 35
   Stile und Meta-Programme 37
   Beziehungen in Balance 43
   Fragen 46

4. Sinnliches Ausdrucksvermögen 49
   Erlebnisbezogene Sprache 49
   Sinnesspezifische Wortwahl 50
   Untereigenschaften der Sinne 51
   Sinnesbezogene Redewendungen 53
   Veränderung von Sinneseigenschaften 53
   Bedeutungsgebende Worte 54
   Hinweise zur Anwendung 54

5. Ziele formulieren 56
   Vom Vermeiden zum Erreichen 56
   Motive hinter den Zielen 58

Teil II: Austausch und Veränderung 61
1. Das Meta-Modell der Sprache 62
2. Vom Zuhören, Schweigen und Werten 74
3. Kreatives Umdeuten 76
4. Das Rhetorik-Modell 82
5. Austausch von Ressourcen 94
6. Therapeutische Arbeitsweise 99

Teil III: Sprache und Sinn 103
1. Einleitung 104
2. Unspezifischer Ausdruck 105
3. Hypnotischer Sprachgebrauch 106
4. Das Milton-Sprachmodell 111
5. Metaphern und Geschichten 118

Teil IV: Nach innen hinaus 135
Erste Phantasiereise: Die „Nehcsnem" 137
Zweite Phantasiereise: Quellen des Wachstums 145
Dritte Phantasiereise: Selbst-Integration 152

Verzeichnisse 163
1. Zusammenstellung von Kategorien des menschlichen Erlebens 164
2. Verzeichnis der dargestellten Prinzipien und nlp-Modelle 167
3. Weiterführende Literatur und Medien 170

Zu guter Letzt 172
Über den Autor 173

Denen, die mit mir lernten.

Zur Vorbereitung

„Der Dialog, nicht der Monolog, ist die Grundlage des zivilisierten Lebens."
Saul Bellow

Dies ist ein Reiseführer durch die Welt der Kommunikation und ihres liebsten Kindes, der Sprache, jener ebenso selbstverständlichen wie geheimen Welt, in der wir unser Leben verbringen.

Er wendet sich an Menschen, denen eine bewusste Kommunikation für eine auch in die Tiefe reichende Verständigung am Herzen liegt – sowohl an jene, die damit erst beginnen, wie auch an solche, die professionell im Bereich der Kommunikation tätig sind. Mögen beide auf individuelle Weise ihre bereits vorhandenen Erfahrungen durch neue Inhalte und Zusammenhänge vertiefen und erweitern.

Ebenso mögen sich Leserinnen und Leser angesprochen fühlen, denen daran liegt, persönliche Entwicklungsprozesse und das Veränderungspotenzial, welches bewusste Kommunikation in sich trägt, kennen zu lernen.

Die ersten drei Teile des Buches sind in Dialogform aufgebaut. Die Gesprächspartner Annelie (A) und Bernard (B) verstehen sich als Gastgeber, die Sie durch verschiedene Landschaften und Formen verbaler Kommunikation begleiten. Beide Personen sind frei erfunden – Ähnlichkeiten mit real existierenden Personen oder auch mit Anteilen meines Wesens sind gerade deshalb nicht ganz auszuschließen. Ihre Dialoge bilden den Rahmen für eine Verbindung von Theorie und Praxis, von Abstand, Reflexion und aktiver Beteiligung.

Der erste Teil, „Ausdruck und Erfahrung", befasst sich mit den Grundlagen wirksamer Kommunikation, der Sprache und des Verstehens. Dazu gehören Themen wie das Verhältnis von Sprache und innerem Erleben oder Möglichkeiten, sich sinnlich nachvollziehbar auszudrücken. Unter anderem zeigen Annelie und Bernard, wie wir durch passende Fragen die Erfahrungen hinter den Worten unserer Gesprächspartner herausarbeiten können.

Im zweiten Teil, „Austausch und Veränderung", geht es um fortgeschrittene Formen des Hinterfragens, um das Meta-Modell der Sprache und darum, wie durch die Kunst des Umdeutens einschränkende Denkweisen verändert werden können. Ein daraus abgeleitetes Rhetorikmodell bildet das Rüstzeug für flexible Argumentation und das Vermitteln neuer Einsichten. Darauf aufbauend lernen wir, wie wir in uns selbst und in anderen heilsame Erfahrungen auslösen und Energiequellen zugänglich machen können.

Im dritten Teil, „Sprache und Sinn", geht es um die Kunst des offenen, unspezifischen Ausdrucks, um hypnotische Formen des Sprachgebrauchs sowie um das Erzählen von Metaphern und Geschichten. Dieser Teil zeigt, wie wir andere auf bildhaft Sinn gebende Art erreichen und sensibel durch innere Erfahrungswelten begleiten können.

Im vierten Teil, „Nach innen hinaus", illustrieren drei ausgewählte Phantasiereisen aus der eigenen Werkstatt verschiedene der zuvor dargestellten sprachlichen Gestaltungs- und Anwendungsmöglichkeiten.

Unter den Verzeichnissen am Ende des Buches finden Sie neben Literaturangaben eine Zusammenstellung wichtiger Kategorien des Wahrnehmens und Erlebens sowie eine Übersicht der Prinzipien und Methoden, die in den jeweils angegebenen Abschnitten des Buches beschrieben oder angewendet werden. Sie können erkennen, dass darin zahlreiche NLP-Modelle vertreten sind, und haben die Möglichkeit, über dieses Verzeichnis die Verbindung zwischen den Fachbegriffen und den Beschreibungen und Beispielen herzustellen.

Es ist mein Anliegen, Ihnen, liebe Leserinnen und liebe Leser, das Zusammenwirken unterschiedlichster Modelle und Methoden der Kommunikation und ihres hörbaren Ausdrucks, der Sprache, vorzustellen – und Ihnen wichtige Wahlmöglichkeiten und Gestaltungsmöglichkeiten für deren Gebrauch bewusst zu machen. Dabei möchte ich Sie mittels der Dialoge und Reflexionen nicht nur für die Möglichkeiten, sondern auch für die erforderlichen Voraussetzungen und Grenzen der dargestellten Modelle und Methoden sensibilisieren. Die Kommunikation mit anderen kann nur so gut sein wie die Kommunikation mit sich selbst. Was wir mit oder für andere erreichen können, baut darauf auf, was wir für uns selbst verarbeitet und entwickelt haben. Deshalb bilden die innengerichteten und die außengerichteten Anwendungsbeispiele eine Einheit.

Nicht alles, was wesentlich ist, steht im Vordergrund. Auch Nebensätze, das, was in den Beispielen geschieht, oder die wohl wollende Beziehung, innerhalb derer eine fruchtbare Kommunikation gedeihen kann, gehören dazu. Damit verbinde ich vor allem die Intention einer solchen förderlichen Beziehung zu Ihnen, der oder die Sie dieses Buch in den Händen halten.

Dies ist ein Kennenlern-Buch, nicht jedoch ein klassisches Lehrwerk – es will und kann keine fundierte Ausbildung in Anwendungsbereichen professioneller Kommunikation ersetzen. Das betrifft insbesondere die verschiedenen Felder therapeutischer Anwendungen wie die Gesprächstherapie, die Hypnotherapie und Bereiche des NLP. Gerade hier braucht der Weg vom Kennen zum Können viel Zeit, gute Wegbegleiter und persönliche Erfahrung.

Es ist nicht neu: Sprache kann ein Werkzeug der Verführung oder Manipulation sein. Und in unserer Welt wird nicht wenig davon Gebrauch gemacht. Hier will das Buch aufklärend wirken. Wenn wir uns manipulativ verwendeter Strukturen bewusst werden, kann uns dies mündiger und freier werden lassen – und uns die Wahl erleichtern, unsere Sprache in einer Weise einzusetzen, die dem Leben dient: dem eigenen, dem anderer Menschen – und den Beziehungen, die wir miteinander gestalten.

Die einzelnen Kapitel dieses Sprachbegleiters enthalten neben dem Rahmendialog zahlreiche Beschreibungen und Beispiele, die sich in der Textgestaltung absetzen. Zu den Beispielen gehören Sketche, Geschichten und Phantasiereisen, welche ihre eigene Verarbeitungszeit brauchen. Bitte stellen Sie sich vor, dass alle Texte Raum für beliebige Pausen haben – solche, die Ihnen Zeit für die Verarbeitung und Reflexion geben. Wann immer und für wie lange Sie Ihre Pausen setzen, bestimmen Sie selbst.

Und vielleicht ahnen Sie es schon: Nicht alle Beispiele sind von absolut ernster Natur. Wenngleich die angesprochenen Themen und Schlussfolgerungen weit mehr als nur Unterhaltung sein mögen. Deshalb wünsche ich Ihnen als aufgeschlossene Leserinnen und Leser viel Spernst.

Berlin, im Frühjahr 2005
Bernd Isert

In der vorliegenden Neuausgabe erscheinen wesentliche Teile meines Buches *Die Kunst schöpferischer Kommunikation*, das 1996 bei Junfermann erschienen und mittlerweile vergriffen ist. Der Text wurde in die neue Rechtschreibung übertragen.

Die Teile IV und V der alten Ausgabe, die hier nicht abgedruckt sind, können im Internet unter der Adresse www.vakverlag.de in der Detail-Ansicht zum Buch heruntergeladen werden.

Teil I:
Ausdruck und Erfahrung

1. Eröffnung

A: Unsere Tour beginnt. Proviant habe ich mitgebracht, gute Laune und Zeit und mich. Wer ist wohl noch dabei?

B: Hier ist Ihr Platz, willkommen liebe Mitreisende! Am besten können wir dieses Land zu Fuß erkunden. Miteinander werden wir mehr darüber erfahren, welche Strukturen und Möglichkeiten sich in unserer Kommunikation verbergen – und wie wir sie sinnvoll anwenden können. Und ich glaube, einer der wirksamsten Wege zu gelungener Kommunikation und zu Wachstum liegt in der sinnvollen und bewussten Verwendung der Sprache.

A: Zuerst aber stelle ich mich vor: Ich heiße Annelie, bin Studentin und interessiere mich sehr dafür, wie ich mit meinen Worten andere, die mir wichtig sind, besser erreichen kann. Aber auch dafür, wie ich lernen kann sie besser zu verstehen. Ich werde Bernard Fragen stellen, Dialoge mitgestalten und eigene Erfahrungen beisteuern.

B: Ja, ich bin Bernard, und ich freue mich über diese Herausforderung. Ich habe schon mehrere Berufe im Leben ausprobiert, reise gern, gebe Seminare, manchmal schreibe ich Gedichte – und ich mag Menschen. Deshalb finde ich es schade, wenn sie sich missverstehen, bloß, weil sie nicht genug voneinander wissen. Umso lieber erlebe ich fruchtbaren Austausch und deshalb möchte ich hier etwas dazu beitragen.

A: Lass uns unser Anliegen noch genauer beschreiben, Bernard.

B: Vielleicht so: Wir möchten untersuchen, wie verschiedene Formen der Kommunikation uns selbst, andere und unsere Beziehungen fördern können.

A: … ob im privaten Bereich oder im Beruf.

B: Manche Berufe leben von der Kommunikation.

A: Da fallen mir viele ein, zum Beispiel Lehrer, Berater, Therapeuten, Geschäftsleute, Dienstleistende, Künstler …

B: Und sie alle haben die gleichen sprachlichen Muster und Formen zur Verfügung.

A: Dennoch entwickelt jedes Gebiet seine ganz eigenen Stile, die zu den speziellen Inhalten und Denkweisen passen.

B: Und zu den jeweiligen Zielen oder Bedürfnissen. Im privaten Bereich ist es ähnlich. Mal sind wir Freund oder Partner, mal Elternteil, mal verliebt, zusammen oder getrennt – und überall wird kommuniziert und mehr oder weniger sinnvoll miteinander gesprochen.

2. Grundlagen des Sprachgebrauchs

Vom Sprechen über die Sprache

A: Lass uns mit den Grundlagen beginnen, Bernard, was ist Sprache eigentlich?

B: Spontan sehe ich Sinnbilder: eine Pforte zwischen innen und außen … ein Gewebe des Geistes, aus dem Rohstoff des Lebens … oder Brücken von Mensch zu Mensch.

A: Klingt gut, Bernard, aber kannst du es nicht ein bisschen wissenschaftlicher formulieren?

B: Dann dürfte ich dazu keine Worte benutzen. Denn Worte sind Angehörige der Sprache und also von ihr beeinflusst; mit den gleichen blinden Flecken und Unaussprechlichkeiten, die ihre Sprachfamilie hat. Wie könnten sie wirklich objektiv etwas über ihre eigene Familie sagen? Wissenschaft braucht unabhängige Zeugen.

A: So habe ich das noch gar nicht betrachtet, es hilft mir aber nicht weiter. Mag sein, dass Worte beschränkt sind – aber vielleicht können sie ja auch über ihre Grenzen hinauswachsen?

B: Ich glaube, Annelie, das können sie. Denn Worte sind von Natur aus mehr als sie selbst, sie sind Repräsentanten der Welt, die sie beschreiben – und das kann jede Welt sein, die ein Mensch aus irgendeiner Position erleben oder denken kann. Vielleicht mit den Augen einer Künstlerin oder mit denen eines Forschers oder eines Lernenden. Und jede Position hat eigene Worte für das, was es von dort aus zu beschreiben gibt.

A: Und wenn es dafür keine Worte gibt?

B: Wir haben die Wahl: Wir können auch schweigend sprechen, können bekannte Worte kombinieren oder neue Worte erfinden – davon wächst die Sprache, das ist ihre Nahrung.

A: Können wir eigentlich etwas denken, noch bevor es Worte dafür gibt?

B: Es ist natürlich leichter, nachzuvollziehen, was bereits gesagt wurde. Aber auf Dauer ist das unbefriedigend. Hattest du als Kind einen Spielkasten aus Holzbausteinen?

A: Klar doch.

B: Konntest du aus deinem Holz-Spielbaukasten ein Phantasiehaus bauen, das noch kein anderer gebaut hat? Konntest du vielleicht sogar neue Spielbausteine erfinden?

A: Klar konnte ich das, Mädchen können das! Und die neuen Spielbausteine waren aus Knetmasse.

B: Hättest du damit auch ein Modell unseres Planetensystems bauen können?

A: Kann ich auch heute noch. Ich nehme runde Bausteine und lege sie in ihre Umlaufbahnen. Der große rote Stein in der Mitte steht für die Sonne, und die anderen stehen für die Planeten. Ganz einfach!

B: Und kannst du mit deinem Baukasten auch ein Modell deines Baukastens bauen?

A: Das ist eine komische Aufgabe. Das beste Modell des Baukastens ist ja der Baukasten selbst, weil nur der mit dem Original voll identisch ist.

B: Wenn aber dein Baukasten unendlich groß wäre und du ein kleineres Modell davon auf einer Tischplatte anordnen solltest, was dann?

A: Dann nehme ich einen Baustein, lege ihn auf den Tisch und sage: Der symbolisiert jetzt alle Bausteine und den ganzen Kasten – genial, oder?

B: Ja, das ist durchaus schon ein Modell. Und wenn das Modell etwas anschaulicher werden sollte?

A: Dann breite ich Beispiele aus, etwa so: Das da ist ein typischer viereckiger Stein und das da ein typischer Pyramidenstein – und wenn ich den auf den anderen setze, habe ich ein Haus mit Pyramidendach. Das erkläre ich nicht nur, das zeige ich auch.

B: Das ist sehr gut, aber Beispiele sind nicht allgemein gültig.

A: Dann sage ich (hab ja schließlich studiert): Dieser blaue Stein dort steht für die Klasse aller Steine. Dieser rote da ist die Klasse aller zulässigen Operatoren zwischen den Steinen, und der gelbe da symbolisiert die Energie und die Intelligenz, die sie bewegt …

B: Das ist toll – und sogar philosophisch. Merkst du, Annelie, jedes Modell hat seine eigenen Stärken und Schwächen, erfüllt seinen eigenen Zweck.

A: Und unsere Sprache ist auch so etwas wie ein Baukasten?

B: Genau – nämlich der, mit dem wir Abbilder, Modelle der Welt schaffen, kleine wie große, praktische oder theoretische, kluge und einfältige.

A: Und sogar Abbilder der Sprache selbst.

B: Auch wenn die nie vollständig sein können, denn das ist ja nur das Original.

Sprache als Informationsträger

A: Hast du noch eine andere Antwort darauf, was Sprache eigentlich ist?

B: Diese zum Beispiel: Sprache ist ein Kommunikationsmedium, anders gesagt, ein Mittel zur Verpackung und Übermittlung von Informationen. Diese werden in Abfolgen von Tönen und Lauten übersetzt, die dann von Mensch zu Mensch weitergegeben und nach Möglichkeit verstanden werden.

A: Was für Informationen sind das denn?

B: Uns steht alles frei. Es kann sich um Personen, Beziehungen, inneres Erleben, Handlungsanleitungen, Überzeugungen, Erfahrungen, Schlussfolgerungen, Einverständnis oder Zusammenhänge jeder Art handeln. Es kann auch die Bitte um Informationen sein, nämlich das Nachfragen.

A: Probieren wir es doch mal aus. Stell dir vor, wir kennen uns noch nicht und treffen uns in einer Bar. Und ich beginne mit der Bitte um Informationen:

Darf ich dich fragen, wie du heißt?

B: Es folgen Informationen zu einer Person (zu mir):

Gern, ich heiße Bernard.

A: Und jetzt Informationen zu Beziehungen (zu unserer):

Ich finde dich sympathisch.

B: Nun zum inneren Erleben:

Oh, das macht mich verlegen.

A: Handlungsanleitungen:

Da helfen drei tiefe Atemzüge und ein Glas Wein.

B: Überzeugungen:

Das hilft? Alkohol ist doch sehr ungesund!

A: Erfahrungen:

Kommt drauf an. Ich hab schon viel Schönes damit erlebt.

B: Schlussfolgerungen:

Mit dir zusammen überprüfe ich das gern.

A: Einverständnis:

Gut, bestellen wir uns zwei Gläser.

B: Wir sprechen auch davon, dass es sich um Informationen auf der Sachebene und auf der Beziehungsebene handelt, je nachdem, welcher Aspekt damit angesprochen werden soll.

A: Ich empfand unser Gespräch als persönlich. Ich glaube übrigens, Kommunikation läuft meist auf beiden Ebenen gleichzeitig ab. Lass uns nun wieder die Sachebene betrachten. Sag mal, Bernard, woher kommt unsere Sprache eigentlich?

B: Die Menschen haben die Sprache vor Urzeiten erlernt. Es begann damit, dass sie verschiedenste Laute und Klänge, die sie erzeugen konnten, mit Menschen, Tieren, Pflanzen, Erfahrungen und Tätigkeiten aus ihrem Leben verbanden. In den Sprachen verschiedener Völker haben sich bis heute bestimmte klangliche Urformen erhalten:

… von „oh, äh, ah, uh, au“ für Gefühle zu „njam, mam“ für Nahrung oder „gal“ für die Liebe.

Damit schufen unsere Vorfahren die ersten Worte und aus der Verknüpfung der Worte ganze Sätze, mit denen sie die Geschehnisse ihres Lebens beschreiben konnten.

A: Lass mich mal probieren …

… ah oh njam äh gal au mam.

B: Manchmal waren sich nicht alle darüber einig, wie die Worte zu verknüpfen sind und was sie dann bedeuten. Aber sie verständigten sich und entwickelten Regeln für den Aufbau der Sätze, irgendwann malten oder meißelten sie sogar Schriftzeichen auf Unterlagen – um alles zu speichern.

A: Und die Schriftzeichen bildeten Alphabete …

a b c d e f g …

B: Verschiedene Völker taten all dies, spätestens seit dem Turmbau zu Babel, auf recht unterschiedliche Weise. Und jedes Volk gab die überlieferte Bedeutung der Worte und Sprachformen an die eigenen Kinder weiter. In jeder Generation und mit jeder neuen Lebenserfahrung kamen neue Worte hinzu.

Was neu war, fand besonders bei den Jüngeren meist großen Anklang.
Sie fanden es modern, angesagt oder affengeil.

Prinzipien der Kommunikation

A: Sag mal, was geschieht eigentlich zwischen Menschen, wenn sie miteinander sprechen?

B: Soll ich das vollständig beantworten? Was alles geschehen kann, ist genauso vielfältig wie das Leben selbst. Ich versuche trotzdem, eine Antwort zu geben.
Immer treten beim Kommunizieren zwei oder mehr Menschen miteinander in Beziehung und in Austausch, so als würden sie etwas von Hand zu Hand weitergeben, nur dass es in diesem Fall keine Dinge, sondern Informationen sind – und dass das auch über Distanzen hinweg geht. Was eine Person weitergeben will, verpackt sie in Worte und Ausdruck – was sie empfangen hat, packt sie wieder aus. Jede ist mal Senderin, mal Empfängerin. Was wir senden, beeinflusst das, was wir empfangen werden. Was wir empfangen haben, beeinflusst das, was wir senden werden.
Im Idealfall kommt das, was von einem „Ich“ abgesendet wird, beim „Du“ auch so an – und das „Du“ ist dann um ein Stück aus der Welt des Absenders bereichert. Falls es die Botschaft so deuten kann, wie sie gemeint war.

A: Manchmal deute ich die Botschaften nicht, wie sie gemeint sind, sondern auf meine Art – weil ich ganz andere Erfahrungen mit den Worten verbinde.

B: Dazu habe ich neulich in Köln einige Beispiele gehört:

Klaus: *Ich gehe gern tauchen. Irre, dieses Versinken in der Tiefe.*
Birgit: *Ich wohne am Rhein. Wir haben jedes Jahr Hochwasser, ich kenne das Versinken – auf meine Art.*

Jede Person hat also ihre ganz persönliche Erfahrungswelt, aus der sie berichtet und in die sie das Gehörte wieder aufnimmt.

Wilfried: *Ich komme aus dem Osten, bei uns war das Leben ziemlich anders.*

Sabine: *Und ich war damals dabei, 1968, da haben wir auch gegen das Establishment gekämpft, ganz genauso wie ihr.*
Wilfried: *Ganz genauso?*

Wenn sich ein „Ich" und ein „Du" gut verstehen, dann wächst bei beiden mit dem Austausch der Anteil des gemeinsamen Wissens, und eine gemeinsame Erlebniswelt entsteht, aus der heraus das „Wir" gedeiht.

Sabine: *Wie sieht es wohl heute in Berlin aus?*
Wilfried: *Ich war vor einer Woche dort.*
Sabine: *Ich kenne es nur von früher, was hat sich verändert?*
Wilfried: *Erzähl mir doch erst, wie es früher war, denn damals habe ich es nie besuchen können.*

A: Erst wenn zwei voneinander wissen, gibt es eine Chance, dass sie etwas miteinander anfangen können.

B: Zum Beispiel kenne ich deine Kreativität, Annelie, und du kennst meine Ordnung – auf dieser Basis können wir sehr gut gemeinsam Seminare gestalten.

A: Du kennst meine Ordnung noch nicht, warte ab! Außerdem waren wir gerade dabei, uns mehr über die verschiedenen Erfahrungswelten zu berichten, in denen wir leben.

B: Jede Erfahrungswelt besteht aus einer inneren Welt, zu der die Erinnerung und die Phantasie gehören – und einer äußeren Welt, der aktuellen Lebenssituation, die uns hier und jetzt umgibt.

Innere Welt (Erinnerung):
Wie lag doch damals alles wild durcheinander in unserem Büro!

Äußere Welt:
Und wie ordentlich sieht es jetzt hier aus.

Innere Welt (Phantasie):
Mit etwas Kreativität werden wir diesen traurigen Zustand aber schon bald beenden!

Beide Welten nehmen wir über die Sinne wahr: Wir sehen, hören, fühlen, riechen, schmecken und sprechen – äußerlich wie innerlich. Das geschieht natürlich höchst individuell und situationsabhängig.

A: Mit der Sprache aber können wir es beschreiben und mitteilen.

Klaus: *Ich habe da ein Bild vor Augen, ein lohnendes Ziel – und sage mir, dass sich das gut verwirklichen ließe. Aber irgendwie ist da ein komisches Gefühl. Als hörte ich eine andere Stimme, die mich an etwas erinnert. Ja, es ist meine Tochter, der ich viel mehr gemeinsame Zeit versprochen hatte. Ein warmes Gefühl, wenn ich daran denke, bei ihr zu sein.*
Eva: *Jetzt kann ich nacherleben, wie es dir geht, Klaus.*

B: In der inneren Welt geschieht unendlich viel. Wir verarbeiten Informationen, filtern, verknüpfen, werten aus. Diese Prozesse geschehen bewusst oder unbewusst, bildhaft oder eben sprachlich. Das bewusste sprachliche Verarbeiten nennen wir Denken.

A: Was habe ich da gehört, wir filtern? Ich nicht, bin doch keine Kaffeemaschine. Mich haben sie nämlich früher immer zum Kaffeekochen abgestellt.

B: Aha, du hast deine ganz eigenen Bezugserfahrungen zu dem Wort. Ich möchte mit „filtern" etwas anderes sagen: Wir kümmern uns nicht um alles, nehmen nicht alles auf, sondern trennen bewusst oder unbewusst die Spreu vom Weizen.

A: Leider sind wir dabei nicht fehlerfrei – und manchmal kriegen wir dann statt des Weizens die Spreu, erfassen statt der Hauptsache nur das Nebensächliche.

Lutz: *Was hast du gesagt?*
Rita: *Dass ich heute später komme, weil ich so viel zu tun habe.*
Lutz: *Aber ich liebe dich doch und will dich deshalb bei mir haben. Also sag mir, wie viel Minuten?*
Rita: *Das weiß ich nicht, ich bin total überfordert mit der vielen Arbeit. Wenn du herkommst und mir hilfst, bin ich früher fertig.*
Lutz: *Das würde ich gern, aber dafür ist mir meine Zeit zu schade. Sag mal, für wie viel Minuten Liebe mit dir müsste ich wie viel Arbeitszeit investieren?*

B: Wir stellen uns Fragen und Aufgaben, formulieren, verallgemeinern, kombinieren. Manchmal ist uns dann nur noch die Sprache bewusst, während die Erfahrungen, Gefühle und Vorstellungen, um die es ursprünglich ging, in den Hintergrund treten. Jenes fortlaufende Gespräch mit sich selbst nennen wir den inneren Dialog.

Rolf zu Rolf:
Soll ich im Internet werben? Aber was kostet das und wer liest das? Dennoch, ich höre es von immer mehr Leuten. Das sind aber alles nicht meine Kunden. Ich werde Michael fragen. Außerdem kann ich ja klein anfangen. Nur eine Werbeseite veröffentlichen und herausbekommen, wie oft sie gelesen wird. Aber so eine Seite muss auch attraktiv sein. Das kann Marion am besten.

Relevanz und Werte

A: Wenn zwei miteinander reden, dann haben sie ja meistens auch ein bestimmtes Thema. Und manche Themen fesseln die Aufmerksamkeit, andere sind zum Gähnen.

B: Das hängt nun einmal davon ab, wofür sich die beiden interessieren, was ihnen wichtig ist. Wenn das Gesprochene dazu passt, nennen wir es relevant, wenn es daran vorbeigeht, ist es irrelevant, und wenn sich Bekanntes wiederholt, heißt es redundant.

Natürlich können beide auch ganz unterschiedliche Themen haben, die ihnen wichtig sind – sodass, was für ihn relevant ist, für sie irrelevant sein mag.

Agnes: *Weißt du, Franz, diese Reise war einfach faszinierend.*
Franz: *Und was hat sie gekostet?*
Agnes: *Die Naturgewalten in Hawaii, die Brandung des Meeres – und diese vulkanische Kraft.*
Franz: *Hast du jetzt noch was auf dem Konto?*
Agnes: *Und dann diese Eingeborenen – und dieses Huna-Ritual.*
Franz: *Kannst du darüber einen Artikel veröffentlichen?*

A: Viele Menschen reden ganz schön aneinander vorbei.

B: Ja, sie können sich zum Beispiel stundenlang unterhalten, ohne zu bemerken, dass jeder ein völlig anderes Thema hat, und ohne wahrzunehmen, was der andere sagt. Sie halten Monologe in Gesellschaft.
Aber wenn sie mitbekommen, wo sich der Gesprächspartner innerlich befindet und darauf reagieren, wird aus zwei Monologen ein Dialog – und das ermöglicht, dass zwischen beiden ein Austausch entsteht. Es heißt auch, dass die Themen des Partners innerlich mit den eigenen in Beziehung gesetzt werden – sodass, was gesprochen wird, beide betrifft.

Agnes: *Worüber könnte ich wohl einen Artikel veröffentlichen?*
Franz: *Über Huna-Rituale – liegt doch voll im Trend.*
Agnes: *Ach, das wäre auch für andere interessant?*
Franz: *Sag ich doch. Eigentlich sogar für mich. Und ein Artikel in GEO bringt was ein.*
Agnes: *Dafür muss ich noch viel mehr über das Thema lernen. Und tolle Fotos besorgen.*
Franz: *Das kostet ja schon wieder Zeit und Geld.*
Agnes: *Du hast Recht, es ist ein Dilemma. Übrigens, ich habe mich mit Hawaii tatsächlich übernommen, aber ich wollte das nicht wahrhaben.*
Franz: *Entschuldige, ich hatte mir einfach nur Sorgen um dich gemacht.*
Agnes: *Gut, dass ich einen unbestechlichen Partner habe.*
Franz: *Erzähl mir mehr von deinen Erlebnissen.*
Agnes: *Lass uns erst mal über unsere Arbeit reden.*

A: Was einem Menschen wichtig ist, kommt sicher nicht von ungefähr. Ich glaube, das hängt mit seiner ganzen Lebenssituation, seiner Entwicklung und seiner Zugehörigkeit zusammen. Nur wenn ein Thema angesprochen wird, das in Bezug darauf wichtig ist, wird jeder seine ganze Aufmerksamkeit einbringen.

B: Das entspricht meiner Erfahrung. Wir sagen auch, dass jeder Mensch ein ganz persönliches Wertesystem hat, innerhalb dessen es eine Hierarchie gibt – geordnet nach Wichtigkeit. Ein allgemeineres hierarchisches Wertesystem bildet zum Beispiel die

Bedürfnispyramide nach Abraham Maslow. Natürlich kann bei jedem von uns in bestimmten Situationen auch ein höchst banales biologisches Bedürfnis den höchsten Wert einnehmen, wenn es unerfüllt blieb. Bitte entschuldige mich einen Moment …

A: … Sicherlich ist für alle Menschen das Überleben am wichtigsten, außerhalb dessen gibt es dann natürlich viele Unterschiede darin, worauf es ihnen im Leben ankommt: Für die einen ist es die Familie, für die anderen Geld, andere suchen Lust, und für wieder andere ist die Gesundheit das höchste Gut.

B: Auch das eigene Überleben ist nicht für alle das höchste Gut. Viele setzen ihr Leben ein, wenn es um die Rettung anderer geht. Manche sogar für eine Idee. Doch du hast Recht, dass in jedem Menschen aufgrund seiner Entwicklung ganz eigene Bedürfnisse und Werte wachsen. Gleichzeitig lassen sich die meisten menschlichen Werte in unserer Kultur um drei Grundkategorien herum gruppieren, welchen sich viele zentrale Begriffe zuordnen lassen:

- *Verbundenheit mit anderen Menschen: Liebe, Gemeinschaft, Partnerschaft, Zugehörigkeit*
- *Entfaltung der eigenen Persönlichkeit: Identität, Wachstum, Macht, Rolle, Position*
- *Entwicklung der Lebensbedingungen: Leistung, Funktion, Erreichen von Ergebnissen*

Auch andere Bereiche, die wichtig für Menschen sind, wie Beruf, Familie, Sex, Kunst, Kommunikation, Sport, Erfolg oder Freiheit, lassen sich diesen Kategorien zuordnen.

A: Eigentlich brauche ich alle drei Säulen: Ohne Verbundenheit mit anderen kann ich auch keinen sinnvollen Platz im Leben finden, in dem ich so viel Einfluss habe, dass ich etwas bewirken kann – und nur wenn das, was ich bewirke, für andere nützlich ist, werde ich auch davon leben können.

B: So sollte es sein, leider ist in unserer Welt nicht alles im Lot und vielen Menschen fehlt die eine oder andere der drei Säulen. Hier liegen ihre größten Entwicklungsbedürfnisse – und häufig auch ihre Barrieren. Denn das, was ich nicht in positiver Art kennen gelernt habe, ängstigt mich oft, vielleicht erlaube ich es mir gar nicht.

A: Ja, wer überzeugt davon ist, dass er sich aus Rücksicht auf andere selbst nicht weiterentwickeln darf, wird es wohl auch nicht tun.

B: Hier fehlt die Erfahrung, wie eigene Entfaltung auch für andere förderlich sein kann. Umgekehrt glaubt vielleicht ein Vorgesetzter, dass er keine Rücksicht auf Mitarbeiter nehmen darf, nur damit alles funktioniert. Und diese beiden bestätigen sich gegenseitig ihre bisherige Sichtweise des Lebens.

A: Deshalb sind unsere tiefsten Bedürfnisse häufig gar nicht so leicht zu erfüllen. Erst innere Klärung und positive Beispiele öffnen uns den Weg.

B: Ich glaube, in unserer Zeit werden sich immer mehr Menschen ihrer wirklichen Werte für das Leben bewusst, gehen neue Wege und denken über bisherige Grenzen hinaus.

Sie erkennen, dass wir alle als Teil einer größeren Zugehörigkeit Mitverantwortung für die Erde tragen – und damit ebenso für uns selbst. Sie lernen, jene Balance zwischen den drei Säulen zu finden und Fähigkeiten zu entwickeln, um in dieser Welt etwas zu bewirken.

A: Danke, Bernard, das ermutigt mich. Und gerade deshalb bin ich weiter neugierig darauf, was unsere Worte, unser Denken und unser Handeln miteinander zu tun haben.

B: Lass uns deshalb Schritt für Schritt weitergehen.

Zwischen Erfahrung und Überzeugung

A: Mir scheint, Bernard, was wir sagen, hat rückwirkend einen sehr starken Einfluss darauf, was wir erleben.

B: Und umgekehrt. Sprechen und Erleben beeinflussen sich ständig gegenseitig.
Zum einen erleben wir die Welt und beschreiben sie dementsprechend:

A: Du, Bernard, da draußen fliegt ein Storch!
B: Ich hoffe, jetzt beschreibst du, was du gerade gesehen hast.

B: Zum anderen hören wir von der Welt und erleben sie daraufhin – innerlich oder auch äußerlich.

A: Du, der Storch hat sich eben auf den Schornstein der Fabrik gesetzt.
B: In der Tat, jetzt sehe ich ihn auch.

A: Manche Menschen haben erlebt, dass ihre Worte die Tendenz haben, sich nicht nur in inneren Bildern, sondern auch in ihrem realen Leben zu bewahrheiten oder irgendwann später zu manifestieren.

B: Das kann ich mir gut vorstellen, denn Worte beeinflussen von innen nach außen unsere Wahrnehmung, unser Verhalten und die Auswahl dessen, was für uns wichtig ist. Das gilt besonders für unsere Überzeugungen und Verallgemeinerungen.
Wenn einer, der enttäuscht wurde, sich sagt, „die Welt ist schlecht", wird er wahrscheinlich neben der ursprünglichen Enttäuschung noch weitere Enttäuschungen finden, die wiederum seine Aussage bestärken. Ein anderer, der Glück hatte und sich sagt, „die Welt ist freundlich", wird mehr von dieser Erfahrung finden.

A: Es ist wie ein Kreislauf von Erleben, Beschreiben und Wiedererleben.

B: Ja, und dieser Kreislauf kann unbefriedigend sein, wenn wir damit bloß bestätigen und verstärken, was wir schon kennen und wissen. Deshalb kommt es darauf an, immer wieder sowohl neue Erfahrungen als auch neue Gedanken zuzulassen und sie mitzirkulieren zu lassen. An jeder Stelle des Kreislaufs gibt es Türen dafür:

Rolf: Keiner mag mich. Deshalb bin ich unfreundlich.
Tina: Ich mag deine Unfreundlichkeit.
Rolf: Du meinst das nicht ehrlich. Ich kenne das.
Tina: Schau mir mal in die Augen.

Rolf: *Oh, die sind ja ganz groß und ein wenig feucht.*
Tina: *Und was sagt dir das?*
Rolf: *Vielleicht magst du mich doch?*
Tina: *Und wie! Und du?*
Rolf: *Jetzt fange ich auch an, mich zu mögen!*
Tina: *Und du mich?*
Rolf: *Und wie! – Aber mir glaubt ja keiner!*
Tina: *Doch, ich.*

A: Wenn wir neue Erlebnisse oder neue Gedanken zulassen, können sie sich also gegenseitig bereichern, verstärken wie gute Partner.

B: Solange wir sie sorgsam gedeihen lassen – ja, das kann manchen inneren Teufelskreis umkehren. Sogar einschränkende Überzeugungen lassen sich so verändern.

A: Können Erlebnisse und Gedanken nicht manchmal auch Gegner sein oder gar nichts voneinander wissen wollen?

B: Wenn die Vernunft den einen Weg einschlägt, unsere Gefühle und Wahrnehmungen aber etwas ganz anderes empfinden, entstehen innere Konflikte.
Nicht erst seit Goethes „Faust“. Und wenn eine der beiden Seiten die andere unterdrückt, wird es keinesfalls besser. Auch eine zeitliche Trennung von Denken und erlebter Wirklichkeit – mal wird nur das eine zugelassen, mal nur das andere – ist auf Dauer nicht allzu erfüllend.

Rolfs Erleben:

Ich habe es gesehen, gefühlt – sie mag mich, vielleicht liebt sie mich. Ich bin liebenswert!

Rolfs Vernunft:

Das ist Quatsch. Meine Mutter hat immer gesagt: „Rolf, mit den Frauen wird das bei dir nichts.“ Und bei Susanne und Gudrun und Brigitte hatte ich ja auch keinen Erfolg. Und meine Nase ist außerdem krumm.

Rolfs Erleben:

Hallo Vernunft, denk doch mal anders. Unsere Mutter wollte dich bloß für sich behalten, weil du der einzige Sohn warst. Und unsere Nase ist klassisch griechisch – hab ich neulich gehört.

Rolfs Vernunft:

Klingt logisch, ich werd 's mal neu bedenken.

Rolfs Erleben:

Und ich genieße noch und sammle für dich viele neue Erfahrungen.

Die getrennten Anteile versöhnen sich, indem die Sprache neue Gedanken zulässt und die Aufmerksamkeit ihr Wahrnehmungsfeld erweitert.

In einem guten Team sollten die Beteiligten sich aufeinander beziehen und ihre Wachstumschancen haben. Hier liegt das Geheimnis von Menschen, die schnell aus ihren Fehlern lernen können: Ihre inneren Beteiligten formen ein gutes Team.

3. Sich verstehen

Die Wirkung der Worte

A: Ich habe gemerkt, dass Worte sehr viel auslösen können. Wie kann ich es steuern, damit ich in anderen etwas Sinnvolles auslöse?

B: Nicht allein der Absender, auch der Empfänger bestimmt, was ankommt. Doch danach zu fragen ist für beide wichtig, denn viele Menschen achten gar nicht darauf. Die innere Intention, anderen wohl zu tun, ist eine wichtige Voraussetzung dafür, dass etwas Positives ankommt, reicht aber noch nicht aus.

A: Du meinst sicherlich, es kommt darauf an, was ich wie und wann zu wem sage, aber woran erkenne ich, ob ich auf dem richtigen Weg bin?

B: Ich glaube, das merkst du schnell. Es gibt im Gespräch keine bessere Orientierung, als auf die deutlichen, aber auch auf die subtilen Reaktionen deines Gegenübers zu achten. Wir nennen dies das Wahrnehmen von nonverbalem Feedback.
Diese Reaktionen können Worte sein, die Mimik oder auch das Verhalten des anderen – möglicherweise umarmt er oder sie dich oder runzelt nur die Stirn. Erst, wenn du auf dieses Feedback wirklich reagierst, ob innerlich durch neue Gedanken oder äußerlich in der Form deines Ausdrucks, findet wirkliche Kommunikation statt. Alles andere wäre ein Monolog. Und wenn du anhand der Reaktionen nicht interpretieren kannst, wie deine Worte aufgenommen wurden, dann frag nach, hole dir gesprochenes Feedback.

Sprache und Erfahrungswelt

A: Ich bin mit deiner Antwort noch nicht zufrieden. Gibt es nicht doch ein paar Anhaltspunkte dafür, welche Vorstellungen ich mit meinen Worten auslöse?

B: Jetzt verstehe ich besser, was du wissen möchtest, danke für dein Feedback. Wir führen mit unseren Worten unsere Partner in unterschiedliche Bereiche der Erfahrungswelt. Mal nach innen, mal nach außen, sei es in die Phantasie, in die Erinnerung oder in die Vernunft. Und wir führen durch die Sinne: mal ins Sehen, mal ins Hören, mal ins Fühlen, Riechen oder Schmecken, mal hin zu inneren Worten und Dialogen. Doch auch wenn wir zu uns selbst sprechen, lenken wir unsere Aufmerksamkeit damit immer wieder in andere Sinnesbereiche. Lass uns probieren, welche Wirkungen meine Worte auf dich haben:

> *B: Guck mal, da hinten, der Baum.*
> *A: Das bringt mich zum Sehen, in meine äußere Umgebung.*
> *B: Ist meine Stimme angenehm?*
> *A: Aha, das Hören ist dran, aber auch das Fühlen, was angenehm für mich ist.*
> *B: Weißt du noch, damals, als wir uns kennen lernten …?*
> *A: Klar, Erinnerung, übrigens sehe ich ein Bild.*

> *B: Stell dir vor, du gewinnst in der Lotterie.*
> *A: Jetzt bin ich in der Phantasie – und habe ein gutes Gefühl.*
> *B: Wie wahrscheinlich ist das?*
> *A: Äh, jetzt Vernunft, Gespräch mit mir selbst.*
> *B: Und was hast du in deinem Leben schon alles erreicht?*
> *A: Ich erinnere mich jetzt, vergleiche Zeiten meines Lebens und bekomme ein gutes Gefühl.*
> *B: Dann hast du jetzt vielleicht Lust, dich nun etwas zu bewegen.*
> *A: Jetzt bin ich immer noch bei einer angenehmen Erinnerung, aber auch in der Gegenwart bei dir. Ich drücke mich gerade aus, spreche – und ich möchte mit dir ein bisschen spazieren gehen. Dabei können wir weiterreden.*
> *B: Und ich sehe dich dabei lächeln.*

A: Zu dem, was in uns ausgelöst wird, gehört also nicht nur das Wahrnehmen, sondern auch der eigene Ausdruck, das Sprechen, Lächeln und Handeln jeglicher Art.

B: Und das macht uns komplett, denn was wäre Wahrnehmen ohne Ausdrücken, was Denken ohne Handeln, was wäre innen ohne außen.

Bezugserfahrungen

A: Wenn du etwas zu mir sagst, dann machen deine Worte am meisten Sinn, wenn ich so etwas Ähnliches schon mal selber erlebt habe.

B: Wir nennen dies Bezugserfahrungen. Wenn du etwas noch nie kennen gelernt hast, dann helfen dir meine Worte auch nicht weiter. Höchstens dann, wenn sie dich darin unterstützen, das Neue aus bereits innerlich Bekanntem zusammenzusetzen. Wie unsere Botschaften verstanden und interpretiert werden, hängt also wesentlich damit zusammen, welche Bezugserfahrungen unser Gegenüber hat. Manchmal muss ich diese durch Beispiele erst schaffen.

> *B: Bitte denk mal an einen Wald.*
> *A: Das ist einfach, ich kenne ganz viele Wälder, die ich jetzt vor meinem geistigen Auge habe, ich wechsle von diesem zu jenem und konzentriere mich nun auf das Naturschutzgebiet vor unserer Stadt.*
> *B: Du hast also aus vielen deiner Bezugserfahrungen einen bestimmten Wald ausgewählt. Ich war neulich im Wald und habe dort Hirifongilipa gesehen.*
> *A: Wen?*
> *B: Hirifongilipa!*
> *A: Einen Wald habe ich vor Augen. Vielleicht nicht deinen, aber meinen von vorhin. Aber, zum Teufel, einen Hininfonglipa suche ich vergebens.*

> B: *So geht es uns, wenn wir keine Bezugserfahrungen haben. Übrigens, es ist freundlich, hat große blaue Augen und einen grünen Schwanz.*
>
> A: *Jetzt kommt mir erstaunlicherweise ein Phantasiebild; mithilfe dieser drei Zutaten habe ich mir etwas konstruiert.*
>
> B: *Aber ob es genauso aussieht wie meines? Selbst wenn unsere Zutaten die gleichen waren, mag deine Art zu konstruieren eine ganz andere gewesen sein! Und außerdem hatte ich dir ja noch vieles nicht gesagt!*
>
> A: *Das heißt also, dass die Vorstellungen, in die ich deine Worte übersetze, und das, was sie in mir auslösen, wesentlich von meinen Bezugserfahrungen und meiner Art des Konstruierens abhängen!*
>
> B: *Genau, und dies bedeutet, dass, selbst wenn du meine Worte verstehst, in dir vermutlich etwas ganz anderes ausgelöst wird als das, was in meiner Vorstellung war.*
>
> A: *Zu dem, was du jetzt gesagt hast, hast du mir mit dieser Übung eine Bezugserfahrung vermittelt. Klar, es war mein Wald und es ist jetzt auch mein Hiringfrongilipa. Übrigens mag ich ihn.*
>
> B: *Wieso ihn, bei mir ist es eine „Sie".*
>
> A: *Aha.*

A: Was also können wir zur Verbesserung des Verständnisses tun?

B: Auf vorhandene Bezugserfahrungen zurückgreifen oder neue Bezugserfahrungen schaffen – und wir sollten uns dessen bewusst sein, dass unser Partner, solange er unsere Erfahrungen nicht nachvollziehen kann, automatisch auf die eigenen Bezugserfahrungen zurückgreift. Je unspezifischer die Sprache ist, desto subjektiver ist die Interpretation.
Wenn wir die Freiheit geben zu wählen, was sich unser Partner vorstellen kann, dann wird er natürlich das wählen, was seinen momentanen Stimmungen oder Bedürfnissen am ehesten entspricht.
Wenn Bezugserfahrungen beim Partner gänzlich fehlen oder ganz verschieden von den eigenen sind, dann ist Verständnis auf einer tieferen, auch emotionalen Basis nur schwer möglich.
Deshalb fällt es Menschen aus verschiedenen Kulturen oder auch aus Ost- und Westdeutschland oft schwer, sich wirklich zu verstehen und verstanden zu fühlen: Die Worte von alten Weggefährten sind mit vielen gemeinsamen Erfahrungen verknüpft, welche Menschen, die sich neu begegnen, nun mal nicht haben. Wie es zum Beispiel war, 40 Jahre DDR von innen zu erleben, lässt sich einem Wessi durch Worte nicht verständlich machen. Es gibt einen Trost: Wenn wir lange genug zusammenbleiben, wachsen auch die gemeinsamen Bezugserfahrungen und damit die Nähe.
Je mehr eigene Bezugserfahrungen wir in unserem Leben sammeln – also auch je reifer wir werden – desto tiefer können wir andere Menschen verstehen. Jene, die unsere Sorgen selbst schon einmal erlebt und vielleicht überwunden haben, sind die, die uns am besten verstehen – unsere besten Freunde und Ratgeber. Und sie können uns sogar mehr geben als Mitgefühl.

Die Landkarte und das Gebiet

A: Manche Leute sprechen so, dass ich weiß, was sie meinen, andere absolut nicht. Ihre Worte sind zu abstrakt, zu lückenhaft oder auch zu sehr ausgeschmückt.

B: Wir müssen zwischen dem Inhalt, der gemeint ist, und der Form, in der wir ihn beschreiben, unterscheiden. Der interessanteste Inhalt kann in einer unpassenden Verpackung unkenntlich bleiben. Wenn wir das, worüber wir sprechen, mit einer Landschaft vergleichen, dann ist die Sprache so etwas wie eine Landkarte, ein Abbild oder ein Modell davon. Haben wir nicht schon am Anfang über Modelle gesprochen? Lass uns jetzt das Bild der Landkarte gebrauchen.
Landkarten sind nur so nützlich, wie sie uns gute Wege durchs Land zeigen. Mit Speisekarten ist das ähnlich. Sie sollen uns den Weg zu einem guten Essen zeigen, denn Karten allein machen nicht satt. Bei Speisekarten ist meist klar, was gemeint ist, mit Landkarten lässt sich auch meist der richtige Weg finden, doch bei Erlebnisberichten ist diese Zuordnung oft nur sehr unbestimmt.
Klar, irgendwelche Bezugserfahrungen können wir innerlich vielleicht erfinden, aber hat der Sprecher nun dies oder etwas ganz anderes gemeint? Da hilft nur Nachfragen – wir werden später verschiedene Formen lernen gut nachzufragen.

A: Dann will ich jetzt nicht nach dem Fragen fragen, Bernard. Aber noch etwas beschäftigt mich an dieser Stelle: Es scheint so zu sein, dass verschiedene Menschen zu gleichen Themen sehr unterschiedliche geistige Landkarten haben. Wie kommt das?

B: Unsere geistigen Landkarten unterscheiden sich in vielen Aspekten: in der Feinheit und Differenziertheit der Beschreibung, in den eingezeichneten Wegen, Assoziationen und Zusammenhängen, die gesehen werden.
All diese Verschiedenheiten hängen damit zusammen, wie ihre Karten entstanden sind:

- *Welche Vorerfahrungen hat jeder einzelne Mensch zu dem Thema gesammelt?*
- *Was hat er von anderen gehört, gelernt, übernommen?*
- *Welche persönlichen Bedürfnisse und Ziele hatte er dabei?*

Die Wege und Orte, die mit unseren Bedürfnissen zu tun haben, werden wir in unseren inneren Karten sicher deutlicher und differenzierter einzeichnen als andere. Was uns nie betrifft, davon werden wir vielleicht auch gar nichts wissen.

Ein Skilehrer wird mehr als ein Dutzend verschiedene Arten des Schnees differenzieren, jedoch nach ganz anderen Kriterien als ein Eskimo. Für den Jamaikaner reicht es, zu wissen, dass es irgendwo Schnee gibt, aber auch das ändert sich, sobald er im Bobfahren an den Olympischen Winterspielen teilnehmen möchte.

Für jene Unterscheidungen des Denkens und Erlebens, die für eine Person wichtig sind, wird sie auch nach Entsprechungen in der Welt der Worte suchen. Wenn die bisherige Sprache diese nicht zur Verfügung stellt, dann werden neue Begriffe und

Formulierungen gefunden. Schließlich hat sich dadurch die Vielfalt der Sprache entwickelt – wie anfangs beschrieben.
Diese Entwicklung vollzieht sich besonders deutlich in den Wissenschaften, in der Mathematik, den Philosophien, in psychologischen Schulen oder in der Jugendkultur und in den Medien.

A: Oder beispielsweise auch im feministischen Sprachgebrauch. Hier wird der langen historischen Ausklammerung der Frau aus vielen gesellschaftlichen Prozessen und aus der Art, wie gesprochen wurde, entgegengewirkt, indem die weibliche Sprachform bewusst hinzugefügt wird. Und das ist, besonders im Deutschen, sprachlich gar nicht immer leicht zu lösen.

B: Vielleicht bedarf es hier auch ganz neuer Wörter, damit mau und fran wissen, dass beide angesprochen und wirklich gemeint sind – und dass das selbstverständlich ist. Wir sprechen bezüglich der Fürwörter oft noch altmodisch deutsch, doch mit der inneren Haltung, „sie“ und „ihn“ zu meinen.

A: Klar, und ich merke sehr wohl jenseits der Worte, wo ich als Frau gemeint bin und wo nicht. Da kann mir auch keiner etwas vormachen.
Sag mal, was ist eigentlich mit der Sprache der Politik und der Werbung los?

B: Du kennst es ja, es gibt viele neue Wortschöpfungen – und sie haben häufig klar erkennbare Ziele, nicht aber das Ziel, mehr Klarheit zu schaffen.

Oberfläche und Mehrdeutigkeit

A: Wie kommt es denn, dass wir trotz allem oft nur so ungenau ausdrücken, was wir zu beschreiben haben?

B: Eine absolut vollständige Beschreibung eines Themas hat ihre natürlichen Grenzen. Wenn ich etwas beschreibe, dann kann ich nicht alle Einzelheiten in Worte fassen. Das wäre endlos. Ich lasse weg, tilge, was unwesentlich ist. Außerdem verallgemeinere ich, was ich für allgemein gültig halte und konstruiere oder phantasiere hinzu, was eine Sache ergänzt.
Linguisten sagen, die Oberflächenstruktur der Sprache, also das, was gesprochen wird, unterscheidet sich von dem, was beschrieben wird.
Wenn ich das vollständige zugrunde liegende Erlebnis in Worte kleide, entspricht dies der sprachlichen Tiefenstruktur.

A: Sicher, was wir erleben unterscheidet sich von dem, was wir später beschreiben, weil wir auf dem Weg dahin alles Mögliche weglassen, hinzuphantasieren oder verallgemeinern.

B: Ja, so filtern wir den ursprünglichen Inhalt – oft ohne es selbst zu merken. Es wäre nun mal unmöglich und unendlich, wollten wir absolut vollständig sein. Sobald wir aber etwas, was wir erlebt haben, verkürzt oder verändert beschreiben, können wir rückwirkend leicht den Kontakt zu dem ursprünglichen Erlebnis verlieren oder es auch in der Erinnerung verformen.

A: Es ist in der Tat oft schwer, aus Worten auf die zugrunde liegenden Erlebnisse rückzuschließen.

B: Schon bei unseren eigenen Worten haben wir vielfach die Verbindung zu den Ausgangserlebnissen verloren, umso mehr, wenn wir anderen Menschen zuhören. Denn wir haben nun mal nicht deren Erfahrungen im Hintergrund – und wissen dann mit den Worten vielleicht nicht sehr viel anzufangen.

A: Wenn die Sprache beispielsweise zu allgemein ist und ich nicht heraushören kann, was gemeint ist, schalte ich meistens ab – oder aber ich fülle, was mir fehlt, mit eigenen Erinnerungen und Phantasien. Und glaube dann vielleicht sogar, verstanden zu haben.

B: Ja, und das ist eine Falle. Denn das Missverstehen bleibt unerkannt und kann später seine Folgen haben. In Beziehungen können so mancherlei später einsetzende Konflikte ihren Anfang nehmen.

A: Kenne ich. Aber wie kann ich mich davor schützen?

B: Ganz einfach – du kannst wiederholen, was du verstanden und interpretiert hast und nachfragen, ob dein Partner das so gemeint hat. Oder ihn bitten, dir mehr Informationen zu geben.

A: Selbst wenn ein Mensch alles genau in Worte kleidet, stellen uns die verwendeten Wörter noch weitere Fallen, weil sie oft nicht klar bestimmt sind.

B: Davon kann ich ein Lied singen. Denk nur an Worte wie „Glück", „Erfolg", „genießen" oder den berühmten „schönen Urlaub". Sehr viele Begriffe sind von sich aus unspezifisch oder mehrdeutig. Sie bedürfen näherer Erläuterung, weil jeder damit andere Erfahrungen verbindet.

A: Hier ein kleines Beispiel:

Wilfried: *Lass uns einen schönen Urlaub miteinander verbringen.*
Elisabeth: *Ja, auf einen schönen gemeinsamen Urlaub hab ich auch Lust.*
Wilfried: *Toll, dann sind wir uns ja einig. Ich besorge die Tickets.*
Elisabeth: *Was für Tickets?*
Wilfried: *Wohin möchtest du denn?*
Elisabeth: *Na, hier in unserem Garten, mein Willie, ist es doch sooo schön!*
Wilfried: *Oh, wir haben ganz unterschiedliche Vorstellungen von einem schönen Urlaub. Aber vielleicht hast du Lust auf einen aufregenden Urlaub?*
Elisabeth: *Klar, aber erst nach dem schönen, und dann natürlich in Chicago.*
Wilfried: *Aha.*

A: Ja, mitunter sind wir uns schnell einig, aber nur im Gebrauch der Worte. Doch gerade im scheinbaren Verstehen liegt die Gefahr.

B: Erst wenn wir genauer nachfragen, verstehen wir wirklich. Ansonsten erleben wir, wenn wir das Besprochene in die Praxis umsetzen wollen, eine böse Überraschung. Wir sollten auch immer wieder unsere Politiker fragen, was sie mit Zukunft, Freiheit, Wachstum, Standortsicherung oder Verhältnismäßigkeit meinen, vielleicht auch wann und für wen und zu welchem Preis.

Ziele der Kommunikation

A: Sind diese Vieldeutigkeiten nicht ein großes Hindernis für die Verständigung?

B: Sie können es sein. Doch oft sind sie sogar sehr wichtig, damit der Zuhörer Raum hat, eigene kreative Vorstellungen zu entwickeln. Es kommt immer darauf an, was wir in der Kommunikation erreichen möchten, worum es uns also geht:

- *Wollen wir Informationen gewinnen, geben oder austauschen?*
- *Geht es um Sachinformationen – oder um persönliche Beziehungen?*
- *Geht es um Erinnerungen, um die Gegenwart oder um Phantasien?*
- *Wollen wir selbst verstanden werden oder andere verstehen?*
- *Wollen wir die Gedanken und die Vorstellungswelt des Partners anregen?*
- *Wollen wir lernen oder lehren?*
- *Wollen wir uns einigen oder eigene Meinungen behaupten?*

A: Für die verschiedensten Bereiche gibt es demnach besonders geeignete Formen des Gebrauchs der Sprache – ich möchte alle kennen lernen.

B: Schritt für Schritt, wir sind auf dem Weg. Welcher Bereich liegt dir am nächsten?

A: Am vertrautesten bin ich mir selbst. Das ist die längste Beziehung meines Lebens. Ich merke, wie ich oft zu mir selbst spreche, etwa wenn ich über etwas nachdenke. Und doch: Manchmal bringt mich das überhaupt nicht weiter, sondern ich drehe mich mit mir selbst im Kreis.

Innerer Dialog

B: Unser innerer Dialog ist der zentrale Teil des Denkens. Indem wir Erfahrungen und Vorgänge in Worte kleiden, machen wir daraus Konzepte für unser Leben. Auch im Gespräch mit uns selbst verallgemeinern wir vieles, lassen anderes weg, schlussfolgern und phantasieren hinzu. Dieser Prozess ist wichtig, er kann aber unglücklich verlaufen: wenn wir verallgemeinern, was nur in einer Situation gültig ist, wenn wir weglassen, was wesentlich war und wenn wir Phantasien mit Realitäten verwechseln. Dann sieht unsere Landkarte von der Welt traurig aus, hat viele Einbahnstraßen, Löcher und schraffierte Flächen.

A: Es kann sein, dass ein Kind, das einmal einen Fehler gemacht hat, sich aus diesem Grund jahrelang für einen Versager hält, oder dass eine Frau, die eine Enttäuschung mit einem Mann erlebt hat, von da an alle Männer meidet.

B: Deshalb lohnt es sich, unsere inneren Landkarten von der Welt immer wieder auf Gültigkeit zu überprüfen und durch Fragen zu erweitern. Kannst du ein Beispiel geben, Annelie, für so ein Selbstgespräch, das sich im Kreise dreht?

> A: *Wenn ich unsicher auf die Bühne gehe, werden sie mich auslachen, dann fühle ich mich unfähig, werde noch unsicherer und mache mich noch viel lächerlicher.*
>
> B: *Ist das vielleicht eine Verallgemeinerung, die gar nicht zutrifft?*
>
> A: *Woher soll ich das wissen?*
>
> B: *Gibt es Gegenbeispiele, wo du, obwohl du unsicher warst, nicht ausgelacht wurdest oder wo du ausgelacht wurdest und dich trotzdem sicher fühltest?*
>
> A: *Muss ich erst mal suchen … jetzt hab ich eins von der ersten Sorte … jetzt sogar eines, wo mir Ausgelachtwerden nichts ausmachte. Ich fand die Person nur doof.*
>
> B: *Gibt es wichtige Sachverhalte, die du getilgt, das heißt vergessen hast?*
>
> A: *Wenn ich sie vergessen habe, kann ich ja jetzt auch nicht darüber sprechen.*
>
> B: *Aber innerlich nachfragen …*
>
> A: *Weißt du, was mir gerade einfällt? – Als Kind kam ich mit neun Jahren in eine andere Stadt und sprach einen anderen Dialekt. Und wenn ich vor der Klasse stand und sprach, haben sie gelacht, weil das für sie komisch klang.*
>
> B: *Und hast du in deinem bisherigen Selbstgespräch etwas hinzuphantasiert oder eine nicht wirklich überprüfte Vermutung eingebaut?*
>
> A: *Na, eben, dass die anderen mich nicht leiden mögen, obwohl das sicher gar nicht gestimmt hat.*
>
> B: *Und wenn du all das weißt, kann es dann beim nächsten Mal auch ganz anders werden?*
>
> A: *Oh ja, ich bin ja kein Kind mehr, habe oft erlebt, dass mich Leute mögen, spreche bestes Deutsch und überhaupt: Ich weiß heute längst, wer ich bin und was ich kann. Danke fürs Nachfragen, Bernard.*

B: Später werden wir ausführlicher darstellen, wie wir Tilgungen, Phantasien und Verallgemeinerungen durch Fragen aus der Sprache zurückholen können.

A: Es lohnt sich, das habe ich gerade bemerkt. Kann ich meine Gedanken auch alleine in dieser Art hinterfragen?

B: Klar, die Grundfragen kennst du ja schon:

Ist das immer so? Habe ich etwas vergessen? Habe ich etwas hinzuphantasiert oder unüberprüft vermutet?

Jenseits der Worte

A: Jetzt kann ich von mir zu anderen gehen. Es ist oft so, dass die gleichen Worte, wenn sie von verschiedenen Menschen gesprochen werden, bei mir sehr unterschiedliche Wirkungen hinterlassen. Also je nachdem, wer sie wann zu mir sagt und natürlich auch, wie er das sagt. Da scheint also noch viel mehr eine Rolle zu spielen als die Worte allein ...

B: Gut, dass du das ansprichst. Es ist ein zentraler Punkt, denn es geht uns in der Kommunikation um weit mehr als die Worte selbst. Es geht darum, wie Worte gemeint sind, welche Bedeutung hinter den Worten liegt.
Das, was rüberkommt, hängt zuerst davon ab, in welchem Zustand und in welcher Situation etwas gesagt wird.
Zum Zweiten davon, mit welcher Absicht – und von wem zu wem. In welcher Beziehung stehen die Gesprächspartner?
Zum Dritten kommt es darauf an, wie etwas gesagt wird: Stimme, Tonfall, Lautstärke, Rhythmus gehören hier ebenso dazu wie Mimik, Gestik und Körperhaltung – der nonverbale Anteil der Kommunikation.
Diese Punkte stehen in engem Zusammenhang.

A: Die Wirkung hängt sicher auch stark davon ab, in welcher Kultur oder Gemeinschaft wir uns befinden und welche soziale Position der Sprecher oder die Sprecherin darin hat.

B: Genau. Viele Faktoren geben dem, was wir sagen, eine zusätzliche oder mitschwingende Bedeutung. Eine, die darüber bestimmt, wie etwas beim Partner ankommt.
Das, was jenseits der Worte ankommt, nennen wir auch die Meta-Botschaft, also die dahinterliegende Aussage. Sie könnte zum Beispiel lauten:

- *Du bist mir wichtig.*
- *Ich respektiere dich.*
- *Ich will etwas von dir.*
- *Ich sage euch, wo 's langgeht.*
- *Oder: Ich traue mich nicht.*

A: Wenn die Art, wie wir sprechen, dem, was wir sagen, widerspricht, dann wird die Aussage zweifelhaft, uneindeutig.

B: Wir sagen dazu auch inkongruent. Das heißt, wir senden mit den Worten und durch den Stil unseres Ausdrucks einander widersprechende Botschaften.

A: So etwas kann als bewusst eingesetztes Stilmittel durchaus sinnvolle Funktionen erfüllen, wie Provokation, Flirt oder Ähnliches ...

B: Oder einfach darauf hinweisen, dass da noch etwas zu klären ist – und zur Vorsicht mahnen.

A: Lass uns die Wirkung der Betonung am Beispiel des Satzes „Ich mag dich“ ausprobieren. Die betonten Worte oder Satzzeichen sind fett gedruckt.

Ausdrucksform	*mit der Meta-Botschaft:*
Ich mag ***dich****.*	*Du gehörst mir!*
Ich *mag dich.*	*Ich bin der Mittelpunkt!*
Ich ***maaag*** *dich.*	*Ich genieße dich!*
*Ich mag dich****!***	*Mach, was ich will!*
*Ich mag dich****?***	*Bilde dir nur nichts ein!*
Okay, okay, ich mag dich ja.	*Lass mich in Ruhe.*

A: Die Sätze würden alle nicht auf mich wirken, außer vielleicht der dritte. Am meisten vertraue ich übrigens Aussagen ohne Extras, also: „Ich mag dich.“

B: Gut, das zu wissen.

A: Es gibt passende Situationen etwas zu sagen und ebenso unpassende. Manchen Menschen fehlt leider das Feingefühl dafür – und das wird dann sehr peinlich. Aber nicht einmal das merken sie.

B: Auch Feingefühl ist etwas, was wir aufgrund vieler Beispiele und Bezugserfahrungen gelernt haben. Statt betretener Peinlichkeit helfen in vielen Situationen allen Beteiligten oft frischer Humor und ein aufklärender Hinweis.

Klaus: *Darf ich Ihre Hand küssen, Susanne?*
Susanne: *Du bist wohl im falschen Film, Baby.*

A: Normalerweise wird das, was gesprochen wird, zu der Situation und der Beziehung der Beteiligten passen. Wo dies nicht der Fall ist, werden natürlich weniger die gesprochenen Worte als vielmehr deren Unangemessenheit ihre Wirkung zeigen.

B: Ich denke da an verschiedene Beispiele. Geliebte können sich nun einmal andere Dinge sagen als Fremde, der Chef kann seinen Mitarbeitern anders begegnen als diese dem Chef – und beim Mittagessen redet man über andere Themen als in der Geschäftsversammlung. Wenn der Kontext oder die Beziehung nicht stimmen, dann kommen die Worte einfach nicht an.

A: Das heißt aber auch, dass unangemessene Kommunikationsformen ein Weg sein können, um Beziehungen und Situationen zu verändern oder um zu provozieren.

B: Manchmal erfrischt und bereichert so etwas eingeschlafene Beziehungen, manchmal beendet es sie aber auch. Auf jeden Fall verändert es, und die Beteiligten müssen sich ihrer Rollen neu bewusst werden.

A: Woran erkenne ich, was echt ist und ehrlich gemeint?

B: Eindeutig oder kongruent ist eine Botschaft, deren sprachliche und nichtsprachliche Anteile übereinstimmend das Gleiche ausdrücken. Wenn die Worte, ihr Klang, die

Mimik, die Gesten und die Körperhaltung ein- und dasselbe sagen, wirkt das auf uns echt. Derartig klare Botschaften können ebenso klar aufgenommen und beantwortet werden.

A: Viele Menschen, die etwas von mir wollen, verstellen sich und tun so, als wäre alles ganz echt – aber ich merke gerade das Verstellen sehr genau.

B: Ein guter Schauspieler kann zwar Echtheit trainieren, aber es muss schon ein sehr guter sein, der ganz in seiner Rolle lebt. Auch aalglatte Perfektion ist alles andere als natürlich. Auf Zwischenfragen und unerwartete Reaktionen kann der antrainierte Darsteller weitaus schlechter reagieren als derjenige, welcher sich ganz mit der eigenen Persönlichkeit einbringt, denn der Darsteller ist mehr mit seiner Rolle beschäftigt als mit dem Hier und Jetzt.

A: Lass uns einmal ein Verkaufsgespräch spielen, eines von der aufdringlichen Sorte:

Verkäufer: Mit diesem Shampoo haben tausende von Frauen ihre Selbstsicherheit wiedergefunden.
Kundin: Aha.
Verkäufer: Es gibt eine Tönung, die Sie zu der Frau macht, die in Ihnen steckt.
Kundin: Haben Sie mal die Uhrzeit?
Verkäufer: Ich sehe Sie schon innerlich damit – und als Mann sage ich Ihnen, was das mit mir macht.
Kundin: Ich sagte, die Uhrzeit.
Verkäufer: Oh, bitte, es ist sechzehnuhrfünfzehn, wo waren wir stehen geblieben?
Kundin: Was das mit Ihnen macht, Shampoos zu verkaufen.
Verkäufer: Äh …

A. Wenn jemand gleichzeitig „ja“ sagt und den Kopf schüttelt oder auf mich zukommt und zurückschreckt, so was nervt mich ganz schön.

B: Mehrdeutige Botschaften kommunizieren Widersprüchlichkeit. Dies kann eine eigene, der Person innewohnende Widersprüchlichkeit sein, derer sie sich nicht einmal bewusst zu sein braucht.
Zwar werden widersprüchliche Botschaften oft einfach nicht ernst genommen. Sie können aber auch Verwirrung oder Aggressionen bei der Empfängerin auslösen, wenn sie sich selbst nicht ernst genommen fühlt oder wenn sie dadurch in innere Konflikte gerät.
Der beste Schutz für die Empfängerin ist die Erkenntnis, dass die wahre Botschaft „Widersprüchlichkeit“ heißt – und die ist so lange nicht verbindlich, bis der Absender innerlich wirklich weiß, was er will.

A: Und wenn ich selbst widersprüchliche Teile in mir spüre?

B: Dann sei zu dir selbst und gegenüber anderen ehrlich. Was wir zu unterdrücken versuchen, kommt, auch wenn wir es selbst nicht merken, für die anderen umso deutlicher zum Vorschein. Es geht, wenn zwei Seelen in uns wohnen, nicht darum, dass die eine die andere besiegt, sondern darum, die tieferen positiven Seiten beider Anteile in Einklang zu bringen. Das kann wie ein Tanz sein.

A: Ja, beim Flirten ist dieses Vor und Zurück wie ein Tanz – und die Widersprüchlichkeit ist sehr reizvoll, aber auch offensichtlich.

B: In anderen Bereichen ist Widersprüchlichkeit dagegen weniger erfreulich: Wenn Eltern ihren Kindern entgegengesetzte Botschaften vermitteln, dann kann dies bei denen zu großen Verunsicherungen, auch zu psychischen Störungen führen, denn ihre Orientierung im Leben wird beeinträchtigt. Diese Erfahrungen – die wir als „Doublebind", das heißt Doppelbindung, bezeichnen – entstehen dadurch, dass einem Kind ein Auftrag und gleichzeitig ein Verbot für diesen Auftrag gegeben werden:

„Entwickle dich, aber bleib immer schön klein und abhängig von mir!"
„Sei selbstständig, aber tue immer, was ich dir sage!" usw.

A: Indem wir uns solcher inneren Widersprüche bewusst werden und sie lösen, wird auch unsere Kommunikation klarer und eindeutiger.

B: Menschen, die nicht nur eindeutig kommunizieren, sondern das auch leben, wovon sie sprechen, nennen wir authentisch. Sie verkörpern ihre Worte in ihrer Erscheinung und in ihren Handlungen.
Eine Grundregel hierfür lautet im Englischen „Walk what you talk", sinngemäß „Handle, wie du sprichst", weitergehend auch „Sei, wie du sprichst". Was authentisch zum Ausdruck gebracht wird, hat eine kraftvolle und selbstverständliche Wirkung.

A: All die Zutaten passender Kommunikation lassen sich eigentlich gut mit den folgenden „W-Fragen" zusammenfassen:

Wer mit wem? – Entsprechen Stil und Inhalt der Beziehung?
Wann und wo? – Stimmen Ort und Zeit?
Wie und was? – Passen Form und Inhalt zueinander?

B: Und wenn all das stimmt, wird aus den Zutaten ein nahrhaftes Gericht.

Verständnis

A: Was ist eigentlich all jenen Menschen gemeinsam, die sehr gut und klar miteinander kommunizieren können? Gibt es da eine Geheimformel?

B: Interessanterweise ist es nicht ausschlaggebend, dass sie sich besonders mögen. Sicher aber ist es wichtig, dass ihre Lebenssituation zu der Art, wie sie sprechen, passt – und dass es für beide von Relevanz ist. Doch das ist nicht genug. Von entscheidender Bedeutung ist immer wieder, dass beide, was sie ausdrücken wollen, in solche Worte fassen, die der Partner auch verstehen kann. Und umgekehrt: dass sie, was sie vom Partner hören, ebenso interpretieren können. Damit aber das ankommt, was auch gemeint war, ist es wichtig, dass beide Gesprächspartner ihr Verständnis wechselseitig überprüfen und gegebenenfalls korrigieren.

A: Und was, wenn beide Partner über eine sehr unterschiedliche Ausdrucksfähigkeit oder Aufnahmefähigkeit verfügen?

B: Dann muss eine Seite in der Lage sein, der anderen das fehlende Stück entgegenzukommen. Für professionelle Kommunikatoren aus allen Berufen ist dies eine wichtige Aufgabe. Aber auch sie brauchen immer wieder Menschen, die ihnen entgegenkommen können.

A: Es ist ein tolles Erlebnis, wenn sich Menschen gut verstehen. Und darüber hinaus ist es meist auch sehr nützlich für sie.

B: Zum einen finden sie in ihrer Beziehung zueinander eine klare Orientierung – doch es wird noch mehr möglich: Die Erfahrungen und die Kreativität aller Beteiligten können sich ergänzen, vielleicht sogar multiplizieren – und jeder hat zusätzlich zum eigenen das Potenzial des Partners oder der Partnerin zur Verfügung.

A: Oft haben verschiedene Menschen ähnliche Ziele, die sie leichter gemeinsam als im Alleingang erreichen.

B: Im Idealfall entsteht zwischen ihnen Synergie, eine Synthese der Energien. Doch die geschieht meist nicht von heute auf morgen. Sich verständlich zu machen, zu verstehen und dann zusammenzuwirken erfordert Zeit und oft auch einen gar nicht so einfachen Lernprozess. Missverständnisse, wenn sie erkannt und korrigiert werden, sind dabei wichtige Lernschritte.

A: Lass uns doch mal „Verständnis" üben.

B: Gern. Das Ziel der folgenden Übung ist, dass die gesendeten Botschaften und die empfangenen Botschaften sich annähern. Das heißt, dass ich mich so ausdrücken kann, dass du es verstehst und dass du dich so ausdrücken kannst, dass ich dich verstehe. Es geht so: Ich erzähle dir etwas und du sagst mir, was du verstanden hast. Dann verrate ich dir, ob ich das so gemeint habe und zu welchem Grad ich mich verstanden fühle. Wenn du mich noch nicht verstanden hast, dann sorgen wir beide dafür, dass es uns beim nächsten Mal besser gelingt. Wir können schließlich beide etwas dafür tun: Ich kann mich besser ausdrücken …

A: … und ich kann genauer nachfragen.

B: Genau, so hab ich es gemeint. Einverstanden?

A: Ja, das interessiert mich. Was möchtest du mir denn erzählen?

> *B: Weißt du, ich möchte da an einem neuen Projekt arbeiten. Vielleicht hast du Lust mitzumachen.*
>
> *A: Ah, ich verstehe, ich soll wieder die Schreibarbeiten erledigen. – Hab ich dich richtig verstanden?*
>
> *B: Nein, das war früher mal so. Jetzt hat das ein ganz neues Niveau.*
>
> *A: Okay, lass mich nachfragen. Was meinst du mit dem „neuen Niveau"?*
>
> *B: Es geht mir darum, etwas gemeinsam zu gestalten.*

> A: *Jetzt frage ich lieber gleich nach: Meinst du ein Seminar oder eine CD?*
>
> B: *Nein, das ist es nicht.*
>
> A: *Dann tue mal was dafür, dass ich dich verstehe!*
>
> B: *Ich möchte eine Tanzschule besuchen und suche eine Partnerin.*
>
> A: *Waaas? In deinem Alter? Mit mir? Das kann ich nicht verstehen!*
>
> B: *Weißt du, wie schön es sein kann, nicht nur miteinander zu sprechen, sondern auch zu tanzen, zum Beispiel Tango, Mambo, Salsa?*
>
> A: *Klar, weiß ich.*
>
> B: *Weißt du, wie ungeschickt ich tanze?*
>
> A: *Und ob, deshalb wundere ich mich ja!*
>
> B: *Und wenn ich ganz toll tanzen könnte, sodass auch du davon begeistert wärest, ahnst du, wie schön das für mich wäre?*
>
> A: *Kann ich mir vorstellen – ich weiß, wie schön es ist, sich rhythmisch und beschwingt zur Musik zu bewegen. Und wie gut, wenn das auch mit einem Partner geht.*
>
> B: *Genau das meine ich, jetzt verstehst du mich.*
>
> A: *Und weil wir uns gut verstehen, würdest du das am liebsten mit mir gemeinsam erleben?*
>
> B: *Jetzt hast du mich noch besser verstanden.*
>
> A: *Jetzt bist du dran, mich zu verstehen, und zwar sollst du verstehen, was ich über deine Idee mit der Tanzschule denke: Ich hab nämlich einen Freund.*
>
> B: *Na und?*
>
> A: *Du verstehst mich nicht. Ich sagte, ich habe einen Freund.*
>
> B: *Erzähl mal, was das für dich bedeutet.*
>
> A: *Gern, aber das schreiben wir nicht in das Buch.*
>
> B: *Ich verstehe.*

A: Um dich richtig zu verstehen, habe ich mich regelrecht in deine Person hineinversetzt, aber auch meine eigenen Erfahrungen hinzugezogen.

B: Und ich, um es dir richtig zu erklären, habe mich dabei ein Stück in dich hineinversetzt.

A: Interessant, wie es unsere Freundschaft bereichert, wenn wir uns Zeit nehmen, uns kennen zu lernen.

B: Statt einfach zu glauben wir wüssten schon Bescheid – und alles falsch zu interpretieren.

Stile und Meta-Programme

A: Es ist nun mal so, dass verschiedene Menschen ebenso verschiedene Stile haben, in denen sie denken und auch sprechen. Dem einen kann ich leichter folgen, dem anderen nur sehr schwer, obwohl beide deutlich sprechen und freundlich wirken. Dabei geht es um gar nichts Persönliches, sondern, zum Beispiel, um einen Vortrag über gesunde

Ernährung. Und ich frage mich, was es mir manchmal so schwer macht, jemanden zu verstehen – und manchmal so leicht?

B: Jeder spricht anders. Bleiben wir bei dem Vortrag über die Ernährung. Wahrscheinlich gibt es Dozenten, die erst einmal weit ausholen, allgemein über die Natur, die Zivilisation, den Menschen, den Stoffwechsel und dann erst über Ernährung im Allgemeinen sprechen. Sie kommen vielleicht vom Allgemeinen zum Speziellen, oder sie bleiben die ganze Zeit beim Allgemeinen.

A: Schlimmer sind für mich andere, die mit dem Konkreten beginnen, also mit einem Beispiel. Sie sprechen von Frau Wendland aus Wiesbaden, die früher Schweinefleisch aß und Schwierigkeiten mit ihrer Leber hatte und deshalb von ihrem Onkel den Rat bekam, es mit ayurvedischer Kost zu versuchen. Das war gar nicht so leicht, denn ihr Mann aß auch Schweinefleisch, aber er kam zur Beratung und erzählte …

B: Genug, genug, das wird mir zu spezifisch. Oder geht es irgendwann auch ins Allgemeine über?

A: In diesem Fall hättest du lange warten können. Aber ich merke jetzt, worauf es ankommt: auf die richtige Mischung von Konkretem und Allgemeinem.

B: Manchmal brauchen wir auch nur das eine. Manchmal kennen wir schon die Einzelheiten und wollen nur den Überblick oder wir kennen die Theorie und brauchen konkrete Beispiele um sie anzuwenden.

A: Genau. Ich kenne nämlich schon jede Menge Einzelfälle und Arten von Diäten – und mich interessiert, welche wann angebracht ist und wie sie sich unterscheiden. Also ein bisschen mehr Zusammenfassung und Allgemeingültigkeit. Anders ausgedrückt: Mein Erfahrungsschatz ist so groß, dass ich mir die konkreten Beispiele selbst schaffen kann. Aber das geht vielleicht nicht allen Menschen so.

B: Besonders dann nicht, wenn ihnen das Gebiet noch fremd ist.

A: Klar. – Und was gibt es noch für Stilunterschiede, außer „**allgemein – spezifisch**"?

B: Jede Menge, zum Beispiel die Art, wie Menschen die Themen aneinander fügen: Die einen haben strenge logische Gliederungen, die sie dann abarbeiten, andere lassen sich von Assoziationen leiten, kommen von diesem zu jenem und manchmal wieder zurück. Viele Surfer im Internet bewegen sich auf diese Weise nachts von Homepage zu Homepage.

A: Wer surft in welchem See?

B: Da haben wir schon wieder eine Verständigungsfalle, eine ganz simple.

A: Ja, ich kenne deine Worte nicht.

B: Da hilft nur Übersetzen: Die Benutzer des Computernetzwerks „Internet" holen sich über Telefonverbindungen von anderen Computern Daten, die andere Leute dort gespeichert haben. Die Titelseite jedes Angebots heißt Homepage.

A: Und warum lassen die Benutzer sich von Assoziationen leiten?

B: Jede Seite enthält zahlreiche unterstrichene Worte – und hinter denen verbirgt sich eine elektronische Verbindung zu einer neuen Seite. Wenn der Benutzer ein solches Wort mit einem Zeiger auf dem Bildschirm auswählt, wir sagen auch: anklickt, dann erscheint die neue Seite auf dem Bildschirm.

A: Interessant, aber damit ich das richtig verstehe, muss ich es erst einmal praktisch ausprobieren. Aber ich weiß, was du mit Assoziieren meinst: Es ist dieses Anklicken, wodurch zu einem Stichwort plötzlich ganz neue Informationen kommen. Geht mir innerlich auch oft so, apropos Anklicken: Neulich habe ich ein Ticket in der Straßenbahn in den Entwerter gesteckt und es blieb hängen, was meinst du, was …

B: Ich merke, du kennst das Assoziieren sehr gut, Annelie. Doch lass uns jetzt zurück zum Thema kommen.

A: Genau, das ist das Ungewisse beim Assoziieren, das Zurückkommen!

B: Praktisch ist sicher die Synthese: Das Umfeld erkunden, aber den roten Faden mitnehmen und mit seiner Hilfe die Ausgangsstation wieder finden. So kommt dann auch die Logik zum Zug, das heißt eine systematische Abfolge.

A: Du beschreibst folgende Stilunterschiede: **logisch-linear, assoziierend-abschweifend** und die Mischung aus den beiden.

B: Das hast du gut ausgedrückt. Noch etwas: Manche Menschen folgen auch einfach in der Art, wie sie denken und sprechen, ihrer **Intuition**. Das heißt, sie haben innere Empfindungen und Eingebungen dafür, was jetzt wichtig wäre zu sagen. Es muss nicht unbedingt logisch, nicht einmal assoziativ sein. Und auf diese Art können sie plötzlich ganz neue, in diesem Moment aber wichtige Aspekte ausdrücken. Zum Beispiel jetzt: Hast du Lust auf eine Tasse Kaffee?

A: Oh, danke, das ist genau das Richtige. Wie kamst du darauf?

B: Keine Ahnung, das kam mir eben so.

A: Gibt es noch mehr solcher Stilunterscheidungen?

B: Eine ganze Sammlung, sie werden Meta-Programme oder Meta-Kategorien genannt. Meta heißt soviel wie hinter oder über einer Sache stehend, Programme stehen für typische innere Denk- oder Verhaltensmuster.
Wir übersetzen es einfach mit Denkkategorien und, wenn es um den Ausdruck geht, mit Sprachstilen.

A: Du hast meine Frage noch nicht ganz beantwortet, welche typischen Stile gibt es denn noch?

B: Weißt du, wie es damals war, als wir zusammen einen Tag auf dem Rheindampfer zugebracht haben? – Und heute ist es wieder so, dass wir zusammensitzen und sprechen. Und wie vertraut es ist, die Tassen auf dem Tisch zu sehen, und rechts neben dem Mund hast du immer noch dieses Grübchen, genau, wie ich meine Sommersprossen auf der Nase habe. Außerdem ist es mal wieder Frühling. Wie immer!

A: Was ist denn das für ein komischer Stil?

B: Eine berechtigte Frage, Annelie. Und eine ernsthafte Antwort darauf: Ich hab einfach, wenn auch in übertriebener Weise, alles **Bekannte** und **Ähnliche** betont, alles, was es schon mal gab, was du schon weißt, was so ist, wie immer, was sich gleicht.

A: Das hast du noch nie gemacht, das war was Neues, ganz anders als sonst hast du gesprochen.

B: Und du hast jetzt, und ich glaube mit Absicht, das Andersartige, **Unterschiedliche, Neue** betont.

A: Na klar, aber weißt du, es gibt wirklich beides zwischen uns – immer was Neues und Andersartiges, aber auch immer etwas Konstantes, Ähnliches und Vertrautes. Und wenn wir etwas unternommen haben, hast manchmal du **geführt** und ich bin dir **gefolgt**, manchmal habe ich geführt und du hast dich führen lassen.

B: Was meinst du damit?

A: Denk an unser Gespräch jetzt: Durch meine Fragen führe ich dich oft zu bestimmten Themen.

B: Und ich führe dich mit meinen Antworten zu neuen Fragen. Schön, bei uns bestimmt jeder die Richtung mit. Ein wechselseitiges Führen und Folgen.

A: Wenn ich mit etwas Abstand an mein Leben denke, bemerke ich die sich abwechselnden Phasen von **Aktiv**- und **Passiv**-Sein, von **Aufnehmen** und **Abgeben**, sogar ganze Zyklen wie Wahrnehmen – Verarbeiten – Handeln und dann einfach Genießen. Manchmal wollte ich unbedingt etwas **erreichen** oder **vermeiden**, manchmal genoss ich es einfach, **auf dem Weg** zu sein.

B: Auch all diese Kategorien können wir unseren Stilunterscheidungen zuordnen, denn sie bestimmen die jeweilige Art unseres Denkens und Verhaltens.

A: Gibt es noch weitere Kategorien?

B: Ich merke, Annelie, dir liegt an **Vollständigkeit**. Auch das ist ein Stil. Allerdings gibt es keine endgültige vollständige Liste solcher Kategorien, weil sie sich immer wieder erweitern lässt – je nachdem, worauf wir Acht geben. Ich habe einen Persönlichkeitstest ausprobiert, das „Neuroskop", welches am Ende des Buches aufgeführt ist (S. 170). Darin sind 128 solcher Kategorien in Bezug auf meine Person ausgewertet worden. Das sind viele, doch es sind noch längst nicht alle.

A: Du hast Recht, Vollständigkeit braucht Zeit und je mehr wir uns ihr nähern, desto seltener werden die noch fehlenden Stücke – wie die „blaue Mauritius" beim Briefmarkensammeln. Aber eine häufige Unterscheidung fällt mir noch ein: Wir können doch auch danach fragen, ob jemand mehr über **Menschen** oder mehr von **Dingen** redet. Manche Leute reden immer von anderen Menschen, andere immer von Autos, Geld oder Computern.

B: Das sind zwei sehr sinnvolle Kategorien und wenn es um Menschen geht, lässt sich das weiter unterteilen: Geht es um die eigene Person, um sich **selbst**, oder um **andere**, beschreibt jemand alles als **Beteiligter** oder als **Beobachter**. Versetzt er sich, wenn es um Menschen geht, in diese hinein oder beurteilt er sie von außen. Beschäftigt er sich damit, was jemand **äußerlich** tut oder damit, was ihn **innerlich** bewegt …

A: Meine Tante redet, wenn sie uns besucht, die ganze Zeit nur von sich selbst. Es ist, als würden wir gar nicht existieren – oder als hätten wir nur als Publikum Berechtigung. Danach reden wir alle, und das ist seltsam, auch nur von ihr, also nicht von uns selbst.

B: Möchtest du das ändern?

A: Klar, denn hinterher sind wir stets alle erschöpft.

B: Dann erzähle ihr, sobald sie eine Sprechpause macht, von einer Frau, die ihr sehr ähnelt – und berichte, wie sie eines Tages ganz allein war, weil keiner ihr mehr zuhören wollte. Selbst die Tante der Frau wäre weggelaufen. Doch erwähne, dass deine eigene liebe Tante in diesem Punkt natürlich ganz anders sei.

A: Gar keine schlechte Idee. Das probiere ich. Und wenn es nicht klappt, laufe ich einfach weg. Ich habe sie dann schließlich gewarnt.

B: Etwas **aufrechtzuerhalten** oder etwas zu **verändern** gehört auch zu den typischen Unterscheidungen, auf die wir durch dein Beispiel aufmerksam geworden sind.

A: Es gibt echt viele Unterscheidungen, die kann ich mir gar nicht alle merken.

B: Brauchst du auch nicht beim ersten Mal, zumal sie im ersten Verzeichnis am Ende des Buches alle noch einmal zusammengestellt sind. All das sind nur Anregungen dafür, dass du im konkreten Gespräch darauf aufmerksam wirst, worüber jemand eigentlich spricht. Und was davon die Verständigung fördert, was nicht. Natürlich werden Menschen, die deinem persönlichen Stil ähnlich sprechen, besonders leicht für dich zu verstehen sein.

A: Und umgekehrt werden diese mich leicht verstehen. Aber sind die nicht langweilig, wenn mich gerade die Andersartigkeit reizt?

B: Merkst du schon etwas von deinen Lieblingskategorien, Annelie? Neu und anders scheinen dazuzugehören.

A: Es kommt bei mir immer auf die Situation an und auf ein gesundes Wechselspiel. Zu viel Andersartigkeit schafft Fremdheit.

B: Dir kommt es also auf das „**sowohl als auch**“ an, die Balance, und nicht so sehr auf das „**entweder – oder**“.
Auch das sind zwei wichtige Kategorien. Es wäre wirklich schade, wenn wir im Leben nur auf die eine oder andere Art denken könnten. Mag sein, dass wir Vorlieben haben, aber es hängt ganz von dem Zusammenhang, der Lebenssituation und unserem Partner ab, welche Art zu denken und zu sprechen gerade passend ist.

A: Wenn ich an **Balance** denke, dann ist das nichts Statisches, sondern wie ein Hin- und Herschwingen. Wenn ich zu lange auf einer Seite war, dann möchte ich gern auf die andere. Habe ich den ganzen Tag logisch gedacht, möchte ich auch einmal frei phantasieren, ging es zu viel um Dinge, wird es mir wichtig, mich um Menschen zu kümmern. Habe ich zu viel Allgemeines gehört, interessiert mich das Konkrete – und umgekehrt.

B: Das ist, wie die alten chinesischen Philosophen sagen, die Bewegung des Tao zwischen Yin und Yang, das heißt, etwas vereinfacht ausgedrückt, die Bewegung der Lebensenergie zwischen zwei Polen, wovon sie einen weiblich und einen männlich nannten.

A: Ja, gerade die Spannung zwischen diesen beiden macht alles lebendig. Und über die Kontraste erlebe ich alles intensiver.

B: Wir können eine beliebige Eigenschaft sogar erst dann wahrnehmen, wenn wir auch die andere Seite kennen: das Helle, weil wir das Dunkle kennen, das Weiche, weil wir auch das Harte kennen, das Allgemeine, weil wir das Konkrete kennen … und umgekehrt.

A: Auch in den Emotionen geht es mir so. Ich kann nicht immer nur Glück erleben. Aber gerade weil ich auch die andere Seite kenne, kann ich das Glück viel stärker empfinden.

B: Wir berühren hier ganz persönliche Bereiche, Annelie. Ja, es ist wichtig, dass es im Leben dieses Pendel gibt. Gerade da, wo wir die andere Seite nie kennen gelernt haben, fehlt uns noch eine wertvolle Lebenserfahrung. Doch alles hat seine Zeit.

A: Erzähl mir bitte noch von ein paar weiteren Stilunterscheidungen.

B: Vorhin sprachen wir über die Richtung der Aufmerksamkeit auf Menschen oder Dinge. Es gibt da natürlich noch andere Kategorien, zum Beispiel die Hinwendung der Aufmerksamkeit auf bestimmte **Aktivitäten** – darauf, was zu tun ist, was geschieht – oder die Orientierung auf **Informationen**: Was ist das, wie funktioniert das, wo befindet sich das, wie hängt das zusammen?

A: Ich richte die Aufmerksamkeit gern auf **Orte**. Es ist ganz wichtig für mich, wo etwas stattfindet, wo ich gerade bin, welche Ausstrahlung der Ort hat – besonders natürlich im Urlaub, aber auch die Gestaltung meiner Wohnung liegt mir am Herzen.

B: Und ich muss leider beruflich oft auf die **Zeit** achten: Reicht die Zeit?, Wie lange dauert das?, Wann ist der Termin? Aber ich genieße in den Ferien den Ausgleich, mich um gar nichts mehr kümmern zu müssen.

A: Überhaupt Ferien: Was ist dir wichtig, wenn du eine Reise planst: Menschen, Orte, Informationen, Aktivitäten oder Dinge?

B: Oh, das sind viele Fragen auf einmal. Ich glaube, am wichtigsten ist es mir, mit wem ich zusammen bin, also die Kategorie Menschen. Auch, ob die Menschen am Urlaubsort freundlich und natürlich sind oder nur aufs Geld aus. Dann ist mir wichtig, was ich so alles machen kann, also Aktivitäten: Zum Beispiel schwimme ich gern, tauche, wandere, möchte tanzen gehen und gut essen.

A: Gehört Essen nun zu Dingen oder Aktivitäten?

B: Kommt drauf an. Für mich ist es eine Aktivität, erst, wenn ich ans Bezahlen denke, gehört es zu den Dingen.

A: Interessierst du dich im Urlaub gar nicht für Dinge, Informationen oder Orte?

B: Das eine ergibt sich aus dem anderen, kommt im Urlaub aber erst an zweiter Stelle. Ich brauche natürlich um die Aktivitäten zu erleben mancherlei Informationen und einen geeigneten Ort, es darf auch nicht allzu teuer sein. Aber ich achte nicht vordergründig darauf, was es zu kaufen gibt – und ich weiß, das gestehe ich, auch kulturhistorisch meist nicht so genau Bescheid.

Beziehungen in Balance

A: Gut, dass du unvollkommen bist. Ich bin 's auch. Zum Beispiel komme ich nur selten an bestimmten Dingen vorbei, besonders in speziellen Schuhgeschäften. Übrigens: Ein Reisebüromitarbeiter könnte mit der Kenntnis dieser Kategorien eine tolle, individuelle Beratung fertig bringen.

B: Nicht nur der. Deshalb kaufen wir natürlich auch gern bei Menschen, die etwas mehr auf unsere Vorlieben eingehen können und zu denen wir auch Vertrauen aufgebaut haben.

A: Nicht aber bei solchen, die sich einschleichen und mir nach dem Munde reden.

B: Genau das macht den Unterschied. Die Kategorien helfen uns wahrzunehmen, wo die Aufmerksamkeit anderer Menschen liegt. Sie helfen uns, darauf zu antworten. Für eine gute Verständigung und zu beiderseitigem Nutzen.

A: Ist das nicht das Win-win-Prinzip?

B: Ja, es besagt, dass nur solche Beziehungen wirklich stabil und entwicklungsfähig sind, in denen beide gewinnen, das heißt beide Seiten Befriedigung oder Weiterentwicklung erfahren – und das ist nicht nur materiell gemeint. Es bezieht sich bei jedem Menschen auf andere Lebensaspekte, große oder kleine. Mit dir, Annelie, geht es mir zum Beispiel richtig win-win-mäßig.

A: Mir auch mit dir, Bernard. Und sofort fallen mir jetzt noch andere Meta-Kategorien ein.

B: Lass sie mich hören.

A: Es gibt Leute, die reden lieber und andere, die hören lieber zu. Und wenn beide das Gleiche wollen, haben sie Pech gehabt und sollten sich einigen. Wenn jeder die andere Seite bevorzugt, haben sie sich gefunden und werden wunderbar miteinander auskommen.

B: Dann gilt der Satz: Gegensätze ziehen sich an. Damit diese aber nicht immer gleich verteilt bleiben, sollten sie sich mit der Zeit auch mal ändern. Damit jeder beide Seiten des Pendels erleben kann. Die Natur hilft da nach, indem sie uns ermüden lässt oder ungeduldig und aktiv werden lässt. Denn es ist ein lohnendes Ziel, über die Einseitigkeit fester Rollen hinauszuwachsen und sich neue Stile zu erschließen.

A: Ist das immer so, dass unterschiedliche Stile sich besonders anziehen?

B: Keinesfalls: Denn viele Menschen mit unterschiedlichen Denkstilen haben es anfangs schwer, sich zu verstehen, schließlich hat der andere eine vielleicht fremde Art, die Welt zu sehen. Es muss erst eine Brücke aus Gemeinsamkeiten gebaut werden. Je unterschiedlicher Menschen sind, desto größer ist aber auch die potenzielle Bereicherung, die sich beide geben können.

A: Und um so schwieriger wird es wohl sein, die Brücke zu bauen.

B: Hilfreich ist es, wenn einer der Partner, vielleicht ist es der Erfahrenere oder der Lehrer, welcher in beiden Welten zu Hause ist, für den anderen diese Brücke bauen kann. Das geschieht, indem er sich zunächst an dessen Denkstil angleicht und ihn dann in den neuen Denkstil herüberführt.

A: Aber auch der Lernende kann sich in die Denkweise des Lehrers hineinversetzen.

B: Am besten, beide kommen sich entgegen. Den Weg alleine zu gehen, ist nämlich nicht leicht. Wer lernt, braucht Vertrauen, dass er es schafft und dass es sogar in Ordnung ist, dabei Phasen des Unverständnisses zu durchlaufen. Wir brauchen unsere Zeit, auf neue Art denken zu lernen. Später dann erweitern sich unsere geistigen Wahlmöglichkeiten – mehr, als wenn wir nur Mundgerechtes verzehren würden. Auch anspruchsvolle Buchautoren bieten ihren Lesern genau diese Herausforderung.

A: Dann ist es sicher eine große Fähigkeit von Lehrern jeder Art, sich zunächst einmal in die Denkstile der Lernenden einfühlen zu können, sie dort abzuholen, jedoch ohne es ihnen allzu leicht zu machen.

B: Ja, das ist wichtig etwa für den Umgang mit Kindern, aber auch für Therapeuten oder Führungskräfte.

A: Kinder zum Beispiel denken meist sinnlich konkret, assoziieren viel und folgen spontanen Eingebungen. Wo bleibt da das Pendel?

B: Stimmt, es ist nicht möglich, ihnen im ersten Schuljahr abstrakte Mathematik oder Philosophie zu verabreichen.

A: Und wie bekommen sie die andere Seite, was ist mit dem Pendel?

B: Das Pendel schwingt über die Jahre und Zyklen des Lebens ebenso wie über die einer Stunde. Vielleicht braucht es für die großen Theorien noch viele Jahre. Aber auch ein Kind hat seine Form des Wechsels und der Abstraktion. Vielleicht sind es Märchen, Gleichnisse oder eben die ersten Buchstaben. Jeder Stil wächst vom Einfachen zum Komplexeren.

A: Das heißt, wir sind im Leben nicht festgelegt auf einen Stil, aber wir haben in bestimmten Phasen durchaus unsere Vorzüge. Klar, ältere Menschen haben es viel leichter, allgemein über die Welt zu reden, weil sie schon viele Erfahrungen in sich tragen. In jeder Phase scheint es auf etwas anderes anzukommen.

B: Und Omas und Opas verstehen sich meist sehr gut mit Kindern. Ist es nicht interessant, dass wir uns gerne mit Menschen zusammentun, die uns in ihren Eigenschaften ergänzen? Von denen lernen wir am meisten.

A: Dabei ist es am Anfang oft nicht so leicht, eine Brücke zu einem andersartigen Menschen zu bauen – vielfach kommen beide aus unterschiedlichen Welten!

B: Nicht jede Andersartigkeit ergänzt sich außerdem. Dazu bedarf es einer bestimmten Konstellation und sinnvoller Positionen, die beide zueinander einnehmen. Damit wir in der Gesellschaft leichter wissen, wer mit wem was machen kann, geben sich die Menschen verschiedene Rollen und Positionen, wozu unsere Berufe, sozialen Ränge und Lebensstile gehören. Von der Kleidung bis zum Doktortitel.

A: Manchmal zwingt uns die Gemeinschaft aber auch bestimmte Rollen und Stile auf, weil alle anderen schon besetzt sind oder gar nicht zugelassen – und das hindert uns daran, das auszuleben, was wirklich in uns steckt.

B: Wenn die eigene Rolle zu eng wird, verändern wir sie meist, sobald wir können. Bis dahin sammeln wir Energie, bereiten uns vor. Sei es für beruflichen Wandel oder auch für neue Freunde und Partner.

A: Das kann eine sanfte Evolution sein, aber auch eine kleine Revolution.

B: Es geht dabei nicht darum, dass wir alle nur möglichen Rollen in diesem Leben selbst ausleben. Denn unsere Zeit ist begrenzt und es kommt vielmehr darauf an, das, was wirklich unserem Wesen entspricht, zu verwirklichen – und an all den Lernerfahrungen auf diesem Weg zu reifen.
Die ungezählten anderen Rollen und Positionen können wir getrost anderen Menschen überlassen, die auf diese Art ihren Weg gehen. Indem wir den Weg, die Fähigkeiten und das Wesen anderer miterleben und mit ihnen im Austausch stehen, werden wir durch sie auch sehr viel in uns selbst erfüllen und lernen. Wer liebt, empfindet den Reichtum des anderen auch als eigenen Reichtum. Nur Neid ist genau dazu nicht in der Lage.

A: Mir wird bewusst, dass ich mir im Leben immer gern solche Menschen gesucht habe, die mich ergänzt haben, sei es als Vorbilder, als Partner, als Vertraute oder einfach, weil ich viel für sie und durch sie empfinden konnte. Jetzt verstehe ich besser, wie viel an den beiden alten Sprichwörtern dran ist: „Gleich und gleich gesellt sich gern“ und „Gegensätze ziehen sich an“.

B: Am schönsten ist sicher eine Verbindung beider Formen. Zum Beispiel kann es sehr bereichernd sein, wenn Menschen ähnliche Wertvorstellungen und Ziele haben, aber unterschiedliche Fähigkeiten beisteuern können, diese zu erreichen. Und doch die gleiche Sprache sprechen können.

A: Ja, und wenn sie sich ihrer Unterschiede bewusst sind und ihre andersartigen Eigenschaften und Denkweisen kennen und achten …

B: Dann entsteht etwas, was ich in Anlehnung an den Dichter Reiner Kunze auf poetische Art ausdrücken möchte:

Bauen zwei ein Haus.
Die eine kundig des Handwerks,
Der andere kundig der Schönheit.

Wird die eine schaffen das Feste,
Und der andere schaffen das Freie.
Und am Ende, ganz am Ende,
Wird das Haus in der Erinnerung licht sein.

A: Das ist sehr beeindruckend für mich; wie eine alte Sehnsucht, die in mir aufkommt, ja, so könnte es sein in der Partnerschaft.

B: Es ist schön, sich darauf zu besinnen, wie es sein kann und soll. Und noch schöner, darauf zuzugehen.

A: Das erfordert Mut, denn es kann Enttäuschungen geben.

B: Sicher, aber das Zugehen auf etwas Positives heißt nicht Blindheit und Unaufmerksamkeit.

A: Auf jeden Fall ist es viel schöner, als nur vor etwas Unerwünschtem wegzulaufen.

B: Und du fängst auch nicht bei null an. Da ist sicher vieles, wovon du bereits ausgehen kannst.

A: Das macht mir Mut.

B: Und noch etwas haben wir dabei gelernt, drei wichtige Meta-Kategorien, die sich nicht nur in der Sprache, sondern in der ganzen Grundorientierung eines Menschen ausdrücken: die Bewegung **hin zu** etwas, **fort von** etwas anderem oder **ausgehend von** etwas, was schon da ist.

A: Manchmal sind alle drei in mir – und es fühlt sich stimmig an.

B: Und das ist auch gut und natürlich, denn hier geht es ebenfalls um Balance. Was aber dieses Etwas jeweils ist, darin unterscheiden sich die Menschen.

A: Vielleicht sind Menschen, deren Visionen und Ziele den meinen gleichen, meinem Herzen besonders nahe.

B: So geht es mir auch.

Fragen

A: Und doch gibt es Menschen, die mir ein Rätsel sind. Was kann ich eigentlich tun, wenn ich einfach nicht verstehe, was jemand meint, was er mir sagen will?

B: Du tust es gerade. Fragenstellen ist das Beste und sicherer als Rätselraten oder Phantasieren! Es setzt allerdings voraus, dass der Partner selbst weiß, wovon er redet und dass er es auch neu formulieren kann. Sonst bekommen wir Antworten wie „das ist eben so“ oder andere Formen der Wiederholung.

A: Durch Fragen kann ich natürlich auch überprüfen, ob wirklich etwas hinter seinen Worten steckt. Ich kann ihn auch einfach darum bitten, ein Beispiel zu beschreiben oder aus sich heraus konkreter zu werden. Könntest du etwas konkretere Hinweise zum Fragenstellen geben, Bernard?

B: Gehen wir einmal davon aus, dass jemand dir wichtige Informationen vermitteln möchte, dass aus seinen Worten aber nicht erkennbar wird, welche. Zum Beispiel sagt er:

Es ist einiges passiert!

Dann bieten sich als erste Hilfe Fragen an wie:

Was meinst du damit?
Was willst du mir damit sagen?
Was bedeutet das für dich?
Wie meinst du das?
In welchem Zusammenhang, wann, wo, mit wem?

Oder:

Beschreib doch bitte näher, was du damit meinst!

A: Und wenn ich innerlich nachvollziehen möchte, wovon meine Freundin spricht, was sie erlebt hat oder gerade erlebt? Sie sagt zum Beispiel:

Ich habe einen besonders schönen Tag verbracht.

B: Du kannst erfragen, was sie dabei sinnlich erlebt hat:

Kannst du den Tag noch einmal an dir vorüberziehen lassen?
Was siehst du dabei? Was hast du gehört? Was fühlst du dabei?
Was sagst du zu dir selbst?

Und etwas differenzierter:

Ist es warm oder kühl, laut oder leise, bist du allein oder mit anderen?
Was wird gesprochen?
Wo im Körper empfindest du etwas? Usw.

Dabei erforschen wir nicht nur, was, sondern auch wie eine Person etwas erlebt. Und wir führen zugleich diese Person immer tiefer in ihre eigene Erlebniswelt hinein.

A: Aber zu viele Fragen sind auch gefährlich, das könnte unserem Partner auf die Nerven gehen.

B: Es erfordert viel Feingefühl, zu wissen, welche und wie viel Fragen angebracht sind. Wir merken am Feedback, an der Reaktion unseres Gegenübers, ob sie gern angenommen werden oder eher lästig wirken. Wer will schon seziert werden? Und nicht jede Beziehung erlaubt es, sehr persönliche Dinge zu erfragen.

A: Aber wenn es um den Weg zum Bahnhof geht, ist Nachfragen immer erlaubt.

B: Probier 's mal aus. Ick bin jetzt ein Berliner, dat is meine Heimatstadt.

A: Entschuldigung, wo ist bitte der Bahnhof?
B: Da hinten, ej.
A: Wo genau, bitte?
B: Da doch, zweete Ampel.
A: Und dort rechts oder links, bitte?

> *B: Ham' Se keene Augen im Kopp, Lady?*
> *A: Sie meinen, da hinten sehe ich ihn?*
> *B: Und ob, Sie seh'n den jenausojut wie ick jetzt Bahnhof jehört habe.*
> *A: Das macht mir Mut.*
> *B: Na denn, nischt für unjut – und jute Reise.*
> *A: Dankeschön.*
> *B: Macht ja nischt.*

A: Später, Bernard, möchte ich noch viel mehr von dir über das Fragenstellen erfahren.

B: Dann erzähle ich dir etwas über das Meta-Modell der Sprache, aber eben erst später.

4. Sinnliches Ausdrucksvermögen

Erlebnisbezogene Sprache

A: Wir haben viel darüber gesprochen, was wir tun können, um besser zu verstehen. Jetzt möchte ich mehr darüber wissen, wie ich mich selbst gut ausdrücken kann.

B: Was meinst du mit „gut ausdrücken"?

A: Na, so, dass eben was rüberkommt.

B: Was soll denn rüberkommen?

A: Gefühle zum Beispiel oder Phantasie, die Sinne sollen leuchten, die Vorstellungskraft soll Feuer fangen.

B: Jetzt hast du 's gerade selbst beantwortet. Ich habe dich so lange gefragt, bis du Worte gebraucht hast, mit denen ich etwas anfangen kann. Worte, welche die Sinne ansprechen.

A: Mir fallen normalerweise zu wenig solcher Worte ein.

B: Denk doch mal an ein interessantes Erlebnis, das du hattest.

A: Das war damals in Madagaskar, weißt du, dort war es einmalig.

B: Ich glaube, du erlebst es gerade innerlich noch einmal. Um Erlebnisse auszulösen, die du schon kennst, brauchst du nur eine Anregung wie diese und schon beginnen in dir Assoziationsketten ganz von selbst zu laufen. Wenn ich auch in Madagaskar gewesen wäre, dann hätte ich jetzt vielleicht auch meine Erinnerung herbeizitiert, aber ich war leider nicht dort. Deshalb würde ich gerne mehr darüber wissen.

A: Ja, ich bin jetzt mitten in meinem Erlebnis. Wir, meine Freundin und ich, fahren mit einem Transportboot an einem entlegenen Teil der Insel entlang. Das Boot ist voll mit Kisten und Fässern beladen. Auch Dorfbewohner, die wieder nach Hause zurückkommen, sind an Bord. Die Zeit scheint stillzustehen, als wir gemächlich unter dampfenden Blätterdächern durch verwinkelte, enge Wasserwege dahintuckern. Ab und zu legen wir an, um Leute, die hier zu Hause sind, zwischen Wurzeln und Wasserpflanzen abzusetzen. Ineinander verstricktes, raschelndes Mangrovengestrüpp hat sie bald verschlungen. In dem Boot lernen wir Piere kennen. Er hat eine ruhige Art, die blitzschnell mit lustiger Verschmitztheit wechselt. Wir steigen an der gleichen Stelle an Land. Wir laufen hintereinander einen Pfad entlang, der in ein kleines Sechshüttendorf mündet. Ich verliebe mich augenblicklich in diese ländliche Idylle. Vor den strohbedeckten Hütten spielen Kinder unterschiedlicher Herkunft mit kleinen, geschnitzten Holzfiguren. Sie lachen und rufen sich etwas zu. Ein Kind ist hellhäutig mit chinesischen Mandelaugen, ein anderes, mit ebenholzfarbener Haut, hat einen afrikanischen Wuschelkopf. Zwei weitere hatten wohl arabische Vorfahren. Ihre schwarzen Haare sind zu kleinen Zöpfchen geflochten. Völkereintracht pur. Ich kann mich an diesem harmonischen Bild kaum satt sehen. Zwischen den Kindern suchen Enten und Hühner im Sand nach Körnern. Zwei Truthahnmännchen geraten aneinander. Eine ältere Frau von nebenan führt ein grunzendes, rosafarbenes Schwein an einem Stock spazieren. Es riecht nach reifen Ananas und Gewürznelken.

B: Ich danke dir Annie, jetzt konnte ich ein bisschen von dem miterleben, was du erlebt hast. All meine Sinne wurden angesprochen: Ich habe gesehen, gefühlt, gerochen. Und ich habe sogar innerlich gehandelt, war mit dabei.

A: Ich konnte das jetzt so beschreiben, weil ich wirklich erlebt habe, wovon ich sprach. Vielleicht ist dies das Geheimnis wahrhaftigen Ausdrucks.

B: Sicher, das ist ein guter Weg, besonders wenn es darum geht, anderen Menschen die eigenen Erlebnisse zu vermitteln. Doch auch die Phantasie ist ein guter Ratgeber. Nämlich dann, wenn es nicht zuerst darum geht, eigene Erlebnisse zu vermitteln, sondern Geschichten, Märchen und Phantasiereisen für andere zu erfinden.

Sinnesspezifische Wortwahl

A: Welche Worte sprechen eigentlich welche Sinne an?

B: Es gibt ganze Listen sinnesbezogener Worte. Lass uns ein Haus auf dreierlei Art beschreiben:

> *Dieses Haus ist hell, die großen, ungeteilten Fenster eröffnen den Blick in den weiten Park mit seinen alten Laubbäumen, dem sonnigen breiten Sandweg und den gerade jetzt rot und gelb blühenden Rosen. Innen fällt das Auge auf Jugendstil-Tapeten mit Mustern aus langbeinigen, lilagrünen Lilien, auf schlanke, hohe Vasen und die elfenbeinfarbenen barocken Möbel.*
>
> *Dies ist ein ruhiger Ort. Von draußen hört man lediglich das Zwitschern der im Park hausenden Vögel. Ein Ort der Besinnung, wo die innere Stimme nicht vom Lärm der Zivilisation übertönt wird, wohl aber aus dem Musikzimmer ein bis zwei Stunden täglich die Etüden der am Klavier übenden Tochter erklingen. Manchmal, im Herbst, kann man durch den offenen Kamin den Gesang des Windes bis ins Wohnzimmer hinein hören. Und wie angenehm ist es, wenn dann im Winter das Feuer knistert, wir dem Swing lauschen und ruhig miteinander plaudern.*
>
> *In diesem Haus kannst du dich wohl fühlen. Es ist genug Raum, dich frei zu bewegen. Das Wohnzimmer ist ein Nest der Behaglichkeit. Am Abend das urbequeme Sofa, die Wärme des Kamins, deine Hand in meiner Hand – was kann es Angenehmeres geben? Und dazu der Geschmack des milden alten Weins und der Geruch des brennenden frischen Holzes.*

A: Ich habe gemerkt, erst ging es ums Sehen, dann ums Hören und zuletzt ums Fühlen.

B: Riechen und Schmecken kamen auch noch dazu. Verschiedene Menschen haben unterschiedliche Lieblingssinne. Wollen wir sie ansprechen, so empfiehlt es sich, mit ihren bevorzugten Sinnessystemen zu beginnen und dann Brücken zu anderen Sinnen zu schlagen. Dieses Brückenschlagen heißt überlappen:

Wenn ich mich in diesem Hause umschaue, dann wirkt diese Ruhe auf mich und ich fühle mich geborgen. Manchmal sehe ich die Tochter am Klavier sitzen, ihre Hände bewegen sich über die Tasten und schon erklingt im Raum eine Etüde. Und du, wenn du mich so anschaust, kannst fühlen, was meine Augen dir sagen.

A: Das war aber schön romantisch. Ich glaube, viele Dichter sind Meister im Verknüpfen von Sinneseindrücken und schaffen dabei völlig neue Erfahrungen.

Untereigenschaften der Sinne

A: Ach bitte, Bernard, dichte doch mal etwas.

B: Das hinabdunkelnde, schwere Blau des Abends ruft seinen letzten roten Gruß in die warm sich bettende, dampfende Erde.

A: Zum lebendigen Ausdruck gehört es offenbar, passende Worte aus verschiedenen Sinnessystemen zur Verfügung zu haben.

B: Das ist ein Teil davon, deshalb lass uns einmal sammeln, welche Worte uns spontan einfallen:

Was es zu sehen, zu beobachten, anzuschauen gibt, ist hell oder dunkel, groß oder klein, farbig oder farblos, flach oder räumlich, bewegt oder still, schön oder hässlich, nah oder fern, verschwommen oder klar, links oder rechts, innen oder außen.

Was es zu hören, zu lauschen, zu sagen, zu singen gibt, ist laut oder leise, rhythmisch oder getragen, klingt hoch oder tief, schnell oder langsam, voll oder dünn, besteht aus Worten oder Klängen, kommt von innen oder außen, von nah oder fern, von oben oder unten.

A: Fast hatte ich vergessen, dass es beim Hören ja um viel mehr als Worte geht.

B: Die Worte haben schließlich auch ihre eigenen Merkmale:

Worte sind bedeutungsvoll oder bedeutungslos, klug oder dumm, verständlich oder auch unklar – wohl hörend, dass Letzteres aus dem Bereich des Sehens herüberklingt.

A: Und das Fühlen?

Was es zu fühlen, zu spüren, zu empfinden gibt, ist heiß oder kalt, hart oder weich, rau oder glatt, schwer oder leicht, stark oder schwach, eng oder weit, fest oder lose, feucht oder trocken, grob oder zart, rund oder eckig, bewegt oder still.

A: Auch beim Fühlen gibt es viele weitere Unterscheidungen.

B: Mal sind es innere oder äußere Körperempfindungen, mal sind es unsere Emotionen oder ein persönlicher Zustand, der glücklich oder traurig, gespannt oder gelangweilt sein kann.

A: Wenn in uns bestimmte Gefühle ausgelöst werden, dann ordnen wir sie häufig äußeren Dingen oder Ereignissen zu. Obwohl nicht die Dinge, sondern wir selbst diese Empfindungen erleben.

Das T-Shirt ist geil oder ätzend.
Die Musik ist romantisch oder entspannend.
Die Wüste ist einsam.

B: Oder die Arbeit, die anstrengend oder leicht ist – dabei ist es nicht die Arbeit an sich, sondern das eigene Gefühl, während ich sie ausübe, also das, was sie in mir auslöst.

A: Apropos Arbeit: Wie ist es mit dem Handeln, dem Tun und Machen? Wenn ich zum Beispiel laufe, arbeite, tanze, springe – gehört das alles zum Fühlen?

B: All das hat viel mit Bewegung, Motorik zu tun, und die nehmen wir genau genommen auch über Muskelempfindungen wahr, hinzu kommen verschiedenste andere Körperempfindungen, wie Temperatur, Hautkontakt – und eben das zielgerichtete Zusammenspiel aller Bewegungen, zu dem das Sehen und das Balancieren ebenso gehören wie die innere Rhythmik oder der anleitende innere Dialog. Jedes Handeln und jedes komplexe Verhalten überhaupt, hat seine eigene Komposition von Sinnesbausteinen.

A: Dann ist es am besten, wir erklären das Handeln zu einer besonderen Kategorie, die meist körperliches Fühlen, aber auch alle anderen Sinne enthält.

B: Und viele Verben drücken die verschiedenen Aktivitätsformen aus:

arbeiten, laufen, schreiben, bewegen, tanzen, spielen, klettern, schwimmen, ordnen, führen, folgen, ruhen, erkunden, überwinden, erreichen, aufstellen, entfalten, fliegen, kauern, machen, essen, sprechen, zeigen, gestalten, vollbringen, erledigen …

A: Manche Verben verraten mehr über die Art und Weise und die beteiligten Sinne, andere, wie „vollbringen“ oder „machen“, sind reichlich unspezifisch und erfordern eine genauere Beschreibung, damit ich mir etwas Konkretes darunter vorstellen kann. Und damit kommen wir wieder zu den sinnesbezogenen Worten.

B: Ist es nicht interessant, dass es zur Beschreibung der Sinneseigenschaften, wir nennen sie auch Submodalitäten, meist Gegensatzpaare gibt?

hell – dunkel, süß – sauer, klein – groß, hart – weich, laut – leise, warm – kalt …

A: Es scheint wieder so zu sein, dass wir das eine nur wahrnehmen können, wenn wir auch das andere kennen.

B: Erst die Erfahrung des Kontrastes öffnet uns das Erlebnis der Vielfalt. Und deshalb geht auch an dieser Stelle ein Gruß nach China, an Frau Yin und Herrn Yang.

Sinnesbezogene Redewendungen

A: Gerade wird mir bewusst, dass auch viele unserer Redewendungen für bestimmte Sinnessysteme stehen.

B: Zum Beispiel für das Sehen:

Alles klar. Ich sehe, was du meinst. Ich nehme das unter die Lupe. Wir haben den gleichen Blickwinkel. Ich habe eine verschwommene Vorstellung. Er hat einen blinden Fleck. Das bringt Licht in die Angelegenheit. Die Zukunft ist hell. Ich habe nicht den Schatten eines Zweifels. Du bist für mich eine Augenweide.

A: Zum Beispiel für das Hören:

Wir haben die gleiche Wellenlänge. Wir leben in Harmonie. Das kommt mir spanisch vor. Mach nicht so viel Tamtam. Ins eine Ohr rein, aus dem anderen Ohr raus. Klingt gut. Du hast den richtigen Ton gefunden. Das ist Musik in meinen Ohren. Unerhört. Wort für Wort interessant.

B: Für das Fühlen:

Ich habe Kontakt zu dir. Ich kann das begreifen. Es ging mir auf die Knochen. Eine warmherzige Frau. Ein harter Bursche. An der Oberfläche kratzen. Ich lege meine Hand dafür ins Feuer. Eine feste Basis haben. Es läuft reibungslos. Angenehm.

A: Das Riechen und Schmecken:

Er hat Lunte gerochen. Eine faule Sache. Eine süße Person. Ein beißender Kommentar. Eine bittere Pille. Das Salz in der Suppe. Er hat es in der Nase. Er kann ihn gut riechen.

Veränderung von Sinneseigenschaften

A: Wenn wir natürliche Lebensprozesse betrachten, dann ändern sich darin fortwährend die Sinneseindrücke …

B: Deshalb können wir durch die behutsame sprachliche Veränderung von Sinneseindrücken solche Lebensprozesse und Entwicklungen nachvollziehbar machen:

Etwas wird heller, kommt näher, geht weiter zurück, löst sich auf, verdichtet sich, wird lauter, leiser, klarer, bewegt sich von Ort zu Ort. Neue Perspektiven und Sichtweisen entstehen. Das Besteigen eines Berges gibt uns Überblick. Im Urlaub können wir Dinge mit Abstand betrachten.

Oder wir können etwas von dieser Art erleben:

Am Abend wurde die Landschaft entspannter und stiller, während uns ein Windhauch kühle Luft ins Gesicht spielte und eine geheimnisvolle Weisheit von ganz fern immer näher kam und greifbar wurde.

Derartige Wahrnehmungsveränderungen sind nicht nur für Drehbuchautoren interessant, sondern spielen ebenso in der Therapie eine wichtige Rolle. Allein dadurch, dass wir unangenehme Erfahrungen als klein und entfernt beschreiben, angenehme aber als groß und nahe, lassen sich Probleme leichter verarbeiten und verlieren ihre einengende Macht.

A: Klar, das kenne ich. Mit mehr Abstand betrachtet, lassen sich oft Lösungen erkennen, die ich, wenn ich ganz in einer Situation stecke, nicht wahrnehme.

B: Ebenso wie der räumliche Abstand der Erfahrungen, beeinflusst auch ihre zeitliche Lage und Entwicklung die Wirkung auf unser Leben sehr stark. Kein Wunder, auch Zeit erleben wir räumlich.

> *Mit der Zeit lassen wir Dinge hinter uns. Zukünftige Ereignisse bauen sich vor uns auf. Wir überwinden ein Hindernis. Etwas geht vorbei wie im Fluge. Es war, es ist, es ist gewesen, es wird sein.*

Bedeutungsgebende Worte

A: Das Bisherige war sicher nur ein ganz kleiner Ausschnitt aus dem riesigen Sinnesschatz unserer Sprache. Es lohnt sich weiterzusammeln.

B: Und es gibt jede Menge Worte, die nicht sagen, welcher Sinneskanal gemeint ist. Beim Handeln haben wir das schon festgestellt. Bei solchen Worten hat der Zuhörer bezüglich der Sinne, solange er nicht nachfragt, die freie Wahl:

> *Was es zu erleben, zu lernen, wahrzunehmen, zu entwickeln gibt, ist interessant oder gleichgültig, wertvoll oder billig, gut oder schlecht, zukunftsträchtig oder hoffnungslos, konkret oder allgemein, alt oder neu, passend oder unpassend, sinnvoll oder sinnlos.*

Statt über den Sinneskanal sagen viele dieser Worte etwas über die Bedeutung einer Sache, über die betrachtete Zeit, über Veränderungen und Überzeugungen aus.

A: Die Sinne sind also nur der Einstieg. Der Sinn ist die Fortsetzung.

Hinweise zur Anwendung

A: Ist es eigentlich immer notwendig, die Dinge ausführlich in allen Sinnen darzustellen?

B: Wenn der Zuhörer, die Zuhörerin, innerlich oder äußerlich genügend konkrete Bezugserfahrungen zu dem Thema hat, kannst du dich durchaus kurz fassen. Er oder sie wird auch wenige, allgemein gehaltene Worte verstehen. Manchmal ist jedoch das, was er oder sie dann verstanden hat, etwas anderes als das, was du gemeint haben magst.

A: Deshalb lohnt es sich nachzufragen, wie meine Worte angekommen sind.

B: In vielen Situationen geht es natürlich nicht darum, die ganze sinnliche Erfahrung anzusprechen. Da, wo nur Fakten und Daten benötigt werden, mit denen der Empfänger etwas anzufangen weiß, reichen die natürlich auch aus.

A: Oft müssen wir in der Kommunikation einfach Zeit sparen – wenn auch auf Kosten der Vielfalt des Ausdrucks oder der Beziehung.

B: Hingegen ist es oft sehr wichtig, die Sinne anzusprechen, wenn es um Pädagogik, Therapie, Kunst oder auch Marktkommunikation geht. Und natürlich in unseren persönlichen Beziehungen.

A: Ich weiß, wenn ich etwas sinnlich beschreibe, können andere es leichter nacherleben. Ganz gleich, ob ich das auch erlebt habe oder für sie erfinde.

B: Sicher, wenn sie es nacherleben wollen.

A: Wir sollten aber uns selbst und anderen Menschen gegenüber darin ehrlich sein, was unserer Erinnerung entspringt und was unserer Phantasie.

B: Wenn deine Aufmerksamkeit bei den eigenen Erlebnissen ist, dann wirst du einfach reden, wie es dir kommt. Das geht unwillkürlich. Wenn es aber darum geht, deinen Zuhörern bestimmte Erfahrungen in ihrer Vorstellung zu vermitteln, kannst du das, was du zu sagen hast, bewusst und phantasievoll gestalten.

A: Und dabei darauf achten, was meine Worte auslösen, indem ich die Reaktionen meiner Zuhörer beobachte oder Fragen stelle und heraushöre, was angekommen ist.

B: Sicher bemerkst du immer wieder, dass deine Worte erst dann angenommen und innerlich umgesetzt werden, wenn ihr Kontakt und Vertrauen gefunden habt.

A: Vertrauen entwickle ich, wenn ich erkenne, dass sich bei einem Menschen gute Absichten mit Sensibilität und Kompetenz paaren.

B: So schützen wir uns vor jenen wortgewandten Botschaftern und Händlern, bei denen die Verpackung und der Inhalt alles andere als übereinstimmen.

5. Ziele formulieren

Vom Vermeiden zum Erreichen

A: Ich möchte andere darin unterstützen, das zu formulieren, was sie erreichen wollen, also ihre Ziele zu bestimmen. Wie kann ich damit beginnen?

B: Es gibt eine Art zu fragen, die anderen dabei hilft, sich Ziele zu setzen oder ihre zumeist recht abstrakten Formulierungen auch sinnlich erlebbar zu machen. Denn das beeinflusst stark ihre Motivation und hilft ihnen zu überprüfen, ob sich ein Ziel auch wirklich lohnt.

> *B: Bitte nenn mir doch einmal ein Ziel, das du hast.*
> *A: Ich möchte erfolgreich sein.*
> *B: Was verstehst du darunter?*
> *A: Dass ich mir ein eigenes Atelier für meine Arbeit leisten kann.*
> *B: Wie wäre es, wenn du das erreicht hast?*
> *A: Gut!*
> *B: Was erlebst du dann, siehst du, hörst du, fühlst du?*
> *A: Ich sitze in meinem Atelier, es ist Raum da für alle Bilder, die mir etwas bedeuten. Es ist hell und im Hintergrund spielt Jazz. Ich spüre aus meinem Inneren Farben und Formen aufsteigen. Ganz unwillkürlich und leicht beginne ich die Arbeit. Toll!*
> *B: Und was ist das Schönste daran?*
> *A: Das Gefühl der schöpferischen Freiheit. Traumhaft!*
> *B: Das klingt anders als der trockene Satz vom „erfolgreich sein“.*
> *A: Und es motiviert mich auch ganz anders.*
> *B: Hast du bemerkt, wie du dieses Gefühl von Freiheit jetzt schon in dir hast?*
> *A: Genau das ist es – und was in mir ist, will sich nach außen manifestieren. In meine Bilder.*

Manchmal, leider, gehen wir unbewusst auch den Weg der Demotivation. Es gibt viele verneinende Aussagen, die uns zwar sagen, worum es nicht gehen soll, aber keine Alternative zeigen:

> *B: Ich möchte nicht mehr unglücklich sein.*
> *A: Und was möchtest du statt dessen?*
> *B: Na, eben Glück.*
> *A: Und was bedeutet Glück für dich?*
> *B: Jetzt ein gutes Essen bei Sonnenuntergang mit Blick aufs Meer.*
> *A: Und sonst?*
> *B: Ich weiß es, aber ich verrate es nicht.*
> *A: Dein Gesicht strahlt jetzt richtig.*

B: Erst bei der Vorstellung des Wünschenswerten beginnt die wirkliche Motivation, denn solange wir in der Verneinung sprechen, hat unser bildliches Vorstellungsvermögen meist nur die ungewollte Vorstellung im Kopf.

B: Versuche bitte einmal, nicht an eine rote Tomate zu denken ...
A: Verdammt, jetzt hab ich gerade die im Kopf.
B: Streng dich an, denk nicht an eine rote Tomate.
A: Das „nicht" hilft nicht.
B: Okay, dann denk bitte statt dessen an die strahlende Sonne.
A: Jetzt hast du mich erlöst, das geht.

A: Wenn wir zusammenfassen, was wir hier erprobt haben, lassen sich sicher bestimmte Regeln für sinnvoll formulierte Ziele aufstellen, auf die wir dann mit unseren Fragen zusteuern können.

B: Ich habe gleich ein paar solcher Regeln parat:

- *Ein Ziel sollte **zum Ersten** positiv formuliert sein, das heißt, Verneinungen sollten in Bejahungen verwandelt werden.*
- ***Zum Zweiten** sollte das Ziel so konkret formuliert sein, dass wir jetzt schon innerlich mit allen Sinnen erleben können, wie es ist, wenn das Ziel erreicht ist. Das ist einerseits wichtig für die Motivation, die Überprüfung der Qualität des Ziels, andererseits aber auch dafür, zu wissen, wann wir denn angekommen sind.*

A: Denn manche Menschen haben ihre Ziele schon längst erreicht, merken es aber nicht und jagen ihnen immer weiter hinterher.

B: Und können das schon Erreichte dabei leicht wieder verlieren.

- ***Zum Dritten** sollte das Ziel in seinen Auswirkungen auf die eigene Person und auf andere Menschen, ja, auch auf die Natur, förderlich, nicht jedoch destruktiv sein.*

A: Ich denke bei der Natur speziell an Ziele, die sich Wirtschaftsunternehmen setzen. Aber auch für mich selbst ist es wichtig zu wissen, welchen Preis die Verwirklichung eines Zieles hat – diesen möchte ich mir selbst und anderen gegenüber vertreten können.

B: Wünschenswert ist es, wenn wir alles Wertvolle, das wir bisher hatten, mit dem Erreichen eines neuen Ziels beibehalten können.

- ***Zum Vierten** sollte, was bisher positiv war, mit einem Ziel nicht aus unserem Leben verbannt werden, sondern in neuer Form in die zukünftige Entwicklung einfließen.*

A: Früher erschien mir Zukunftsplanung ganz wie eine Entscheidung zwischen erneuern und bewahren. Doch ich kann ja so viel von dem, was mir bereits ans Herz gewachsen ist, kreativ in die Entwürfe meiner Zukunft einbeziehen.

B: Und was du nicht mehr brauchst, kannst du natürlich zurücklassen.

- *Häufig ist es **zum Fünften** außerdem sinnvoll, den Kontext, die Zeit und den Zusammenhang, in dem ein Ziel erreicht werden soll, zu beschreiben.*

A: Das lässt uns realistische Erwartungen entwickeln, schützt uns vor Traumtänzerei und stimmt uns innerlich auf einen überschaubaren Weg ein.

B: Eben deshalb ist auch der letzte Punkt wichtig:

- ***Zum Sechsten*** *kommt es darauf an, dass es einen Weg zu dem Ziel gibt, der auch wirklich für uns selbst begehbar ist. Ziele, deren Erfüllung uns der Himmel oder ein noch unbekannter Glücksritter ermöglichen soll, nähren die Hoffnung, erhöhen aber nicht die Wahrscheinlichkeit der Erfüllung.*

A: Es sei denn, und vielleicht ist auch das möglich, wir wüssten Wege den Himmel gnädig zu stimmen oder den Glücksritter zu motivieren.

B: Wenn das Ziel auch noch so toll ist, den Weg dahin nimmt mir meistens doch keiner ab.

A: Vielleicht doch.

B: Es wäre aber schade, denn gerade der Weg ist es, bei dem ich am meisten erlebe und lerne. Viele Menschen sagen auch: „Der Weg ist das Ziel", und sind gar nicht so auf den Endpunkt fixiert.

A: Aber Bernard, einmal getragen zu werden, kann auch ganz schön sein.

B: So gesehen hast du natürlich Recht.

Motive hinter den Zielen

A: Bernard, manche Menschen haben sehr strenge, durchaus positive Ziele, aber ich habe den Eindruck, dass dahinter auch Angst steckt zu versagen.

B: Eine gute Beobachtung. Häufig gibt es eine andere, nicht ausgesprochene Seite hinter den Zielen. Wenn wir diese Seite ansprechen würden, könnte sich herausstellen, dass wir etwas vermeiden wollen, zum Beispiel: zu versagen, arm zu sein, abgelehnt zu werden, nicht dazu zu gehören. Ein Mensch, dessen oberstes Ziel Unabhängigkeit und Selbstständigkeit ist, kann dahinter seine Angst vor Nähe verbergen.

A: Ein Mensch, der Macht über andere anstrebt, will vielleicht den Kontakt mit seiner eigenen Unsicherheit vermeiden.

B: So etwas ist verständlich, wird aber dann problematisch, wenn das Vermeiden schwieriger Erfahrungen der Hauptinhalt wird – und wenn wir genau das auch noch verdrängen.

A: Dann können uns unsere Ziele daran hindern, unsichere Gebiete unseres Lebens anzuschauen und zu verändern. Das bloße „aus dem Weg gehen" lässt nämlich dort meist alles beim Alten.

B: Wenn wir nicht nur das Ziel, sondern auch die Ausgangssituation, aus der heraus es formuliert wird, vielleicht sogar die Vergangenheit, mitbetrachten, dann erkennen wir, dass Vorerfahrungen und Ziele eng zusammenhängen und manchmal ausgerechnet die gewählten Ziele einseitige Persönlichkeitsmuster verstärken, anstatt sie ins Gleichgewicht zu bringen. Derartige systematische Zusammenhänge zu erforschen, ist die Aufgabe von Therapeuten und Beratern.

A: Es ist also gar nicht immer sinnvoll, sich Ziele zu setzen?

B: Keinesfalls. Oft ist es ebenso wichtig, sich vom Fluss des Lebens treiben zu lassen, spontanen Eingebungen zu folgen oder sich einfach auf Entdeckungsreisen zu begeben.

A: Es geht also wieder um Balance: zwischen Zielorientierung und Treibenlassen.

B: Zwischen Struktur und Intuition, zwischen Aktivität und Passivität, zwischen Führen und Geführtwerden. Erst in diesem größeren Zusammenhang finden Ziele ihren wertvollen Platz.

A: Wer unter zu großem Stress leidet, sich von Aufgaben und Terminen getrieben fühlt, für den können Ziele nur „ein Mehr des Gleichen" sein, anstatt einer Bereicherung des Lebens.

B: Wenn ich ein Ziel nicht zu eng und konkret, sondern noch vage und offen formuliere, dann kann das sehr helfen: Es gibt dann eine Richtung, vielleicht eine Vision, aber wie und wann ich dorthin gelange, das bleibt meiner Intuition überlassen.

A: Und es ist Raum für Überraschungen und Offenheit für alles, was mir unterwegs begegnet.

Fragen

Meta-Modell ***Ressourcen***

RHETORIK

Umdeuten

Austausch

Sicht der Welt

Teil II: **Austausch und Veränderung**

1. Das Meta-Modell der Sprache

A: Bisher haben wir viel über die sinnlich spezifische Ausdrucksweise gesprochen – auch darüber, wie wir danach fragen können, was ein Mensch sieht, hört oder fühlt. Und wie wir dadurch alles konkreter und nachvollziehbarer machen können. Gibt es noch mehr, worauf es beim Fragen ankommt?

B: Damit kommen wir schon weit. Aber eben nicht überallhin. Denn wie im ersten Teil erwähnt, ist die Sprache voller ungeprüfter Verallgemeinerungen, andere Informationen fehlen dagegen und anderes, was gesagt wird, ist schlichtweg nur Vermutung oder Phantasie.

A: Konsequentes Nachfragen bedeutet dann, wie ich jetzt weiß, die vollständige Information wieder hervorzulocken, von der Oberflächenstruktur zur Tiefenstruktur zu kommen.

B: Nicht immer brauchen wir bis auf den Grund zu gehen. Es kommt darauf an, welche Informationen wir in Erfahrung bringen möchten. Dies sind in der Therapie sicher andere Zusammenhänge als bei einer Wegbeschreibung. Denn in Beratung und Therapie steht nicht das eigene Informationsbedürfnis oder unsere Neugier im Mittelpunkt. Meist geht es zuerst darum, dem Klienten dabei zu helfen seine häufig bruchstückhaften Erinnerungen und Wahrnehmungen selbstständig zu sammeln und zu sortieren.

A: Und wie lerne ich, auch in schwierigen Fällen richtig gut nachfragen zu können?

B: Hierfür gibt es ein Sprachmodell: Es wird Meta-Modell genannt und geht auf die Arbeit des Linguisten Noam Chomsky und seine Transformationsgrammatik zurück. Es enthält eine Vielzahl sinnvoller Fragen, um konkrete Erfahrungen und Informationen zu gewinnen. „Meta“ heißt wiederum, etwas aus einer dahinterliegenden Sicht zu betrachten – in diesem Fall die gesprochene Sprache. Wir betrachten hierbei die Beziehung zwischen dem, was gesagt wird, und dem, was eigentlich inhaltlich vollständig gesagt werden könnte. Und es bleibt nicht beim Betrachten: Wir nutzen eine Vielzahl von Fragen, die es ermöglichen, fehlende Informationen zurückzugewinnen, Verallgemeinerungen zurückzunehmen und unüberprüfte Vermutungen zu hinterfragen. Entsprechend diesen drei Zwecken sind die Fragen gruppiert, wobei jede Gruppe wiederum mehrere Untergruppen aufweist.

A: Lass es uns an Beispielen zeigen.

B: Gleich. Wir stellen die Fragen anhand von Ausschnitten aus drei Gesprächen vor. Die Fragen sind systematisch nach Hauptgruppen und Untergruppen geordnet. Am Ende jedes Dialogs fasst die Fragestellerin die über die Fragen herausgearbeitete Tiefenstruktur zusammen.

Hauptgruppe Tilgungen

Wenn Informationen fehlen

Lauschen wir dem Gespräch der Beraterin Sabine mit der zwölfjährigen Schülerin Rita.

Untergruppe: Reine Tilgung

Es geht darum, die fehlenden Informationen hinzuzugewinnen.

Rita: *Ich freue mich*
Sabine: *Worüber freust du dich?*
Rita: *Dass ich anfangen kann.*
Sabine: *Womit?*
Rita: *Mich nicht mehr zu fürchten.*
Sabine: *Wovor?*
Rita: *Zu sprechen.*
Sabine: *Wovon?*
Rita: *Von meinen Gefühlen.*
Sabine: *Zu wem?*
Rita: *Zu meinem Freund – und das tut gut!*
Sabine: *Wem?*
Rita: *Mir und ihm.*
Sabine: *Toll, es beginnt dir also immer leichter zu fallen, zu deinem Freund von deinen Gefühlen zu sprechen – und das tut euch beiden gut.*

Untergruppe: Tilgung eines Vergleichs

Wir wollen herausfinden, womit etwas verglichen wird.

Rita: *Sprechen fällt mir jetzt schon viel leichter.*
Sabine: *Als wann?*
Rita: *Als vor einem Jahr. Es ist auch interessanter.*
Sabine: *Als was?*
Rita: *Als nur zuzuhören. Die „Backstreet Boys“ sind die Besten.*
Sabine: *Die Besten wovon?*
Rita: *Von allen, die ich gern höre. Sogar besser als „East 17“.*
Sabine: *Überhaupt fällt es dir schon viel leichter zu sprechen als vor einem Jahr, und das ist für dich auch interessanter als immer nur zuzuhören. Auch Musik hörst du gerne, am besten gefallen dir die „Backstreet Boys“, sogar noch besser als „East 17“.*

Untergruppe: Unspezifische Bezugsworte

Wir wollen wissen, wer oder was gemeint ist.

Rita: *Etwas hat sich verändert.*
Sabine: *Was ist dieses „Etwas“?*
Rita: *Jemand mag mich.*

Sabine:	*Wer ist denn dieser „Jemand“?*
Rita:	*Das ist mein Freund, der hat einiges drauf.*
Sabine:	*Was hat er denn drauf?*
Rita:	*Musikmachen und Fußballspielen. Manche Sachen machen wir auch zusammen.*
Sabine:	*Welche Sachen denn?*
Rita:	*Zum Beispiel Radfahren oder Eisessen.*
Sabine:	*Und noch was?*
Rita:	*Spazierengehen, uns an der Hand halten und sprechen.*
Sabine:	*Du hast jetzt einen guten Freund, der dich mag und der außerdem einiges drauf hat, wie Musikmachen und Fußballspielen. Und du kannst mit ihm auch einiges zusammen unternehmen, wie Radfahren, Eisessen und Hand in Hand Spazierengehen.*

Untergruppe: Unspezifische Verben

Es wird gesagt, dass etwas geschieht, aber wir möchten wissen, wie das geschieht.

Rita:	*Der Deutschlehrer hat mich für meinen letzten Aufsatz gelobt.*
Sabine:	*Wie hat er das getan?*
Rita:	*Er hat vor der ganzen Klasse gesagt, dass ich mich am natürlichsten ausgedrückt habe.*
Sabine:	*Wie hast du dich ausgedrückt, dass es so natürlich war?*
Rita:	*Ich habe geschrieben, wie ich etwas erlebt habe.*
Sabine:	*Und wie hast du etwas erlebt?*
Rita:	*Ich habe Bilder gesehen und innerlich Stimmen gehört.*
Sabine:	*Was haben die Stimmen gesagt?*
Rita:	*Das steht genau in dem Aufsatz, lies mal!*
Sabine:	*Dein Deutschlehrer hat dich vor der ganzen Klasse dafür gelobt, dass du in einem Aufsatz auf die Weise geschrieben hast, wie du etwas erlebt hast, mit deinen inneren Bildern und Stimmen. Das ist ja toll!*

Untergruppe: Nominalisierungen

Wir wollen wissen, welche Aktivität sich hinter einem Substantiv versteckt.

Rita:	*Ich habe wieder Hoffnung.*
Sabine:	*Worauf kannst du hoffen?*
Rita:	*Auf eine Lösung.*
Sabine:	*Was soll sich lösen?*
Rita:	*Das Problem.*
Sabine:	*Was war bisher problematisch für dich?*
Rita:	*Das mit dem Erfolg.*

Sabine: *Warst du bisher nicht erfolgreich?*
Rita: *Doch, aber durch Anpassung.*
Sabine: *Woran hast du dich angepasst?*
Rita: *An die Erwartungen der Lehrer.*
Sabine: *Was haben sie von dir erwartet?*
Rita: *Nachahmung.*
Sabine: *Was solltest du nachahmen?*
Rita: *Die Übungsbeispiele.*
Sabine: *Welche Beispiele hatten sie euch denn gegeben?*
Rita: *Die aus dem Buch.*
Sabine: *Und was hat sich geändert?*
Rita: *Jetzt habe ich Erfolg durch Natürlichkeit.*
Sabine: *Jetzt hast du erlebt, dass du nicht deshalb erfolgreich bist, weil du alles wie in den Beispielen im Buch gemacht hast, sondern weil du es so gemacht hast, wie du es empfunden hast. Das heißt natürlich. Und deshalb weißt du, dass du auch zukünftig mit deiner natürlichen Art erfolgreich sein kannst.*

Hauptgruppe Verallgemeinerungen

Wenn der Gültigkeitsbereich fraglich ist

Lauschen wir dem Gespräch der Sekretärin Frau Prolog mit dem Bereichsleiter Herrn Burg in einem bedeutenden deutschen Unternehmen.

Untergruppe: Universalbegriffe

Ist im Leben alles wirklich immer so?

Herr Burg: *Sie kommen immer zu spät.*
Frau Prolog: *Wirklich immer?*
Herr Burg: *Na, jedenfalls jetzt schon das zweite Mal. Da kann ich ja gleich alles alleine machen.*
Frau Prolog: *Meinen Sie wirklich alles?*
Herr Burg: *Mir hilft ja sowieso keiner.*
Frau Prolog: *Gibt es nicht einen Menschen, der Ihnen hilft?*
Herr Burg: *Klar, Sie helfen mir manchmal, haben gestern vier Überstunden gemacht. Aber mich belastet alles so.*
Frau Prolog: *Was ist es denn genau, was Sie belastet?*
Herr Burg: *Dass ich mit nichts klarkomme.*
Frau Prolog: *Mit gar nichts? – Womit genau kommen Sie denn nicht klar?*
Herr Burg: *Dass mich nie jemand versteht.*
Frau Prolog: *Das kann ich gut verstehen.*
Herr Burg: *Oh, Sie sind der erste Mensch seit Jahren, der mich versteht.*

Untergruppe: Notwendigkeiten und Unmöglichkeiten

Uns interessiert, welche Absichten, Gründe und Alternativen es gibt.

Herr Burg: *Wir dürfen uns keine Stillstandszeiten erlauben.*
Frau Prolog: *Was würde sonst passieren?*
Herr Burg: *Sonst könnten wir unsere Produkte nicht mehr absetzen.*
Frau Prolog: *Was kann uns daran hindern, dies zu tun?*
Herr Burg: *Die Konkurrenz wäre vor uns am Markt und würde uns das ganze Geschäft wegnehmen.*
Frau Prolog: *Was hindert uns daran, rechtzeitig da zu sein?*
Herr Burg: *Unsere Produktionskapazität ist zu gering.*
Frau Prolog: *Haben wir da nicht die Möglichkeit, zu erweitern?*
Herr Burg: *Das würde Stillstandszeiten bedeuten. Und die dürfen ja nicht sein.*
Frau Prolog: *Was passiert, wenn der Kreislauf so weiter geht?*
Herr Burg: *Dann steht irgendwann alles still.*
Frau Prolog: *Was würde passieren, wenn wir jetzt weniger absetzen und statt dessen erneuern?*
Herr Burg: *Dann sind wir im nächsten Jahr fit gegen die anderen – aber dieser Stillstand heute!*
Frau Prolog: *Was hindert uns, mit den anderen zu kooperieren?*
Herr Burg: *Unser Denken und deren Denken.*
Frau Prolog: *Und wenn wir darin investieren und es erneuern?*
Herr Burg: *Interessant!*

Untergruppe: Allgemeinplätze, Zitate

Was wir von anderen übernommen haben, sitzt manchmal tief und an der falschen Stelle.

Herr Burg: *Ich bin erschöpft, aber wer rastet, der rostet.*
Frau Prolog: *Wer hat das gesagt und für wen gilt das?*
Herr Burg: *Mein Vater hat das immer gesagt. Und ich glaube, er meinte die, die sich nie bewegen.*
Frau Prolog: *Aha, dann sollten wir jetzt aber von unseren Schreibtischen weg – und endlich mal wieder ein bisschen laufen.*
Herr Burg: *Geht nicht, wir müssen zuerst alles schaffen, denn wer zuerst kommt, mahlt zuerst.*
Frau Prolog: *Wer sagt das und für wen gilt das?*
Herr Burg: *Ich weiß nicht. Das muss was mit Korn und Mühlen und Mehl zu tun haben. Keine Ahnung, wo ich das herhabe.*
Frau Prolog: *Ja, und früher, als das Essen knapp war, hat die Mutter dafür angestanden. Vielleicht passt das ja gar nicht zu unserer Sache.*

Herr Burg: *Sondern?*
Frau Prolog: *Gut Ding will Weile haben, denn wer zuletzt lacht, lacht am besten.*
Herr Burg: *Das klingt gar nicht schlecht.*

Hauptgruppe Konstruktionen, unüberprüfte Vermutungen

Ist das wirklich so?

Hier ein Beratungsgespräch mit einer Klientin, die Beziehungskonflikte hat.

Untergruppe: Gedankenlesen

Vermuten kann jeder, aber was hält einer Überprüfung stand?

Klientin: *Paul akzeptiert mich nicht.*
Beraterin: *Woher wissen Sie das?*
Klientin: *Er schlägt immer die Augen nieder, wenn ich von meinen Ansprüchen an die Beziehung spreche.*
Beraterin: *Haben Sie schon einmal die Augen niedergeschlagen, wenn jemand Ansprüche an Sie anmeldete?*
Klientin: *Klar, weil mir das peinlich war und ich mich kritisiert fühlte.*
Beraterin: *Könnte es sein, dass es Paul auch so geht?*
Klientin: *Oh, dann hätte das gar nichts mit dem Akzeptieren zu tun. Aber er denkt zu oft an seine erste Frau.*
Beraterin: *Woher wissen Sie das?*
Klientin: *Das hat er mir gesagt.*
Beraterin: *Hat er auch gesagt, dass es zu oft für ihn ist?*
Klientin: *Nein, er sagt, nur ab und zu – um diesmal alles besser zu machen.*
Beraterin: *Glauben Sie ihm das?*
Klientin: *Natürlich nicht, wahrscheinlich vermisst er sie.*
Beraterin: *Woher wissen Sie, dass Sie ihm nicht viel lieber sind?*
Klientin: *Weil ich ihn so viel kritisiere.*
Beraterin: *Sagt er das?*
Klientin: *Nein, das denke ich. Wenn ich mit jemandem zusammen wäre, der mich so viel kritisiert, würde ich am liebsten weglaufen.*
Beraterin: *Ist er genauso wie Sie?*
Klientin: *Zum Glück nicht, sonst wäre ich ja schon weggelaufen.*
Beraterin: *Möchten Sie etwas anderes tun, als ihn so viel zu kritisieren?*
Klientin: *Deshalb bin ich ja hier.*
Beraterin: *Aha!*

Untergruppe: Bedeutungszuordnungen

Bedeutungen sind schneller zugeordnet als überprüft.

Klientin: *Dass er so zurückhaltend ist, finde ich feige, und dass ich ihn dafür kritisiere, finde ich schlecht.*
Beraterin: *Wie kommen Sie darauf, dass das eine feige ist und das andere schlecht?*
Klientin: *Weil ich so traurig bin, dass es nicht klappt.*
Beraterin: *Was sollte klappen?*
Klientin: *Dass wir ganz ehrlich zueinander sein können.*
Beraterin: *Dann ist Ihr Kritisieren nicht wirklich ehrlich?*
Klientin: *Genau, denn eigentlich bewundere ich ihn.*
Beraterin: *Wofür?*
Klientin: *Dass er so viel aushält.*
Beraterin: *Was bedeutet sein Aushalten denn?*
Klientin: *Ich glaube, dass ich ihm wohl viel bedeute.*
Beraterin: *Können Sie es ertragen, einem Mann viel zu bedeuten?*

Untergruppe: Ursache – Wirkung

Die Vorstellungen über die Mechanismen des Lebens sind oft einseitig.

Klientin: *Wenn ich jemandem viel bedeute, dann verliere ich meine Freiheit.*
Beraterin: *Wie kann denn Ihre Bedeutung für einen anderen Menschen Ihnen die Freiheit rauben?*
Klientin: *Dann erwartet derjenige sehr viel von mir und ich muss es ihm recht machen.*
Beraterin: *Hat denn Zuneigung für einen anderen automatisch zur Folge, dass wir viel von ihm haben wollen?*
Klientin: *Mein Vater hat immer gesagt, dass er mich lieb hat und ich deshalb nie von ihm weggehen darf.*
Beraterin: *War seine Begründung ganz ehrlich oder hat er etwas nicht gesagt?*
Klientin: *Ja, dass er mich braucht, weil er sonst ganz alleine wäre.*
Beraterin: *Deshalb also, nicht wegen seiner Liebe zu Ihnen, sollten Sie Ihre Freiheit aufgeben.*
Klientin: *Geliebt werden und gebraucht werden sind also zweierlei! Dann werfe ich das nicht mehr in einen Topf. Mit jedem für sich kann ich umgehen, bloß diese automatische Verknüpfung hat mich verrückt gemacht.*
Beraterin: *Braucht Ihr Freund Sie auch so?*
Klientin: *Er könnte viele andere Frauen haben. Sogar viel hübschere. Ich hab keine Ahnung, weshalb er mich mag … Ohne Not geliebt zu werden, ist wirklich neu für mich.*

Beraterin: *Ist es befreiend, etwas Neues zu entdecken?*
Klientin: *Und wie!*

Untergruppe: Vorannahmen

Wenn einfach etwas vorausgesetzt wird, das sich zu überprüfen lohnt.

Klientin: *Wenn er wüsste, wie schwierig Ehrlichkeit für mich ist, dann würde er es mir nicht so schwer machen.*
Beraterin: *Woher wissen Sie, dass er 's nicht weiß?*
Klientin: *Äh ... das war eigentlich nur eine Vermutung.*
Beraterin: *Ist Ehrlichkeit wirklich jetzt noch schwer für Sie?*
Klientin: *Nach dem Gespräch scheint sie wesentlich leichter zu sein.*
Beraterin: *Macht er es Ihnen wirklich schwer?*
Klientin: *Genau genommen hat er 's mir sogar leicht gemacht. Er hielt sich zurück und hat mir den Raum und die Zeit gegeben, die ich brauchte. Irgendwie hat er mich sogar verstanden.*
Beraterin: *Ich wünsche Ihnen noch viele gute Erfahrungen.*

B: Soweit unsere Fallbeispiele.

A: Ehrlich gesagt, Bernard, ich habe ganz die Inhalte mitverfolgt und gar nicht auf die Fragen geachtet, die du damit zeigen wolltest.

B: Deshalb lass uns noch einmal alle Fragen zusammenfassen:

Wir beginnen mit Tilgungen – erfragt wird das, was nicht gesagt wurde.

- *Was? Wann? Wo? Womit? Wann?*
- *Wer? Wem? Wen? Von wem? Mit wem? Für wen?*
- *Worüber? Woher? Wofür? Wohin? Wovor?*

Tilgungen des Vergleichs – erfragt wird der Vergleichsmaßstab.

- *Im Vergleich wozu?*
- *Mehr? Besser? Schöner? Wertvoller ... als was? Als wer?*
- *In Bezug worauf?*

Unspezifische Bezugsworte – erfragt wird, was damit gemeint ist.

- *Was genau? Wer genau? Welche genau?*
- *Was meinst du damit? Was verstehst du darunter?*

Unspezifische Verben – erfragt wird der genaue Ablauf.

- *Wie genau? Wie geschieht das? Wie erlebst du das?*
- *Auf welche Art und Weise?*
- *Was tust du genau? Was tun andere? Wie machst du das?*

Nominalisierungen – erfragt wird der Prozess, der sich hinter einem Begriff verbirgt und alles, was der Begriff über diesen Prozess nicht sagen konnte.

- *Was geschieht? (Hier wird das jeweilige Substantiv in ein Verb verwandelt.)*

- *In welcher Weise geschieht es?*
- *Wofür? Für wen?*
- *In welchem Zusammenhang?*

Universalbegriffe – wir wollen die Allgemeingültigkeit relativieren und Gegenbeispiele finden.

- *Ist das immer so? Alle? Jeder?*
- *Wann ist es nicht so?*

Unmöglichkeiten und Notwendigkeiten – erfragt wird, was hinter den scheinbaren Grenzen liegt.

- *Was würde passieren, wenn ...? Was hindert dich?*
- *Was wäre statt dessen möglich?*

Allgemeinplätze und Zitate – werden sie wirklich sinnvoll verwendet?

- *Wer sagt das? Für wen gilt das?*
- *Gilt das auch für dich?*
- *Könnte das auch anders sein?*
- *Wem nutzt das?*

Gedankenlesen – wir wollen die Herkunft von Vermutungen über Menschen erkunden.

- *Woher weißt du das?*
- *Woran erkennst du das?*
- *Könnte dies auch etwas anderes bedeuten?*
- *Hast du gefragt?*
- *Reagierst du auch manchmal so?*
- *Kannst du es bei dir selbst anders verstehen?*
- *Wie würdest du es an der Stelle des anderen erleben?*

Oft liegt die Herkunft in der Vergangenheit:

- *An wen erinnert dich die Person?*
- *Was hast du damals erlebt?*

Bedeutungszuordnungen – wir wollen die Wahl der Interpretation bewusst machen.

- *Was bedeutet das für dich?*
- *Könnte es auch etwas anderes bedeuten?*
- *Wer bestimmt, dass es dies bedeutet?*
- *Wie kommst du auf diese Bedeutung?*
- *Muss das eine dem anderen entsprechen?*

Ursache und Wirkung – wir wollen die Vorstellungen von den Abhängigkeiten des Lebens erforschen.

- *Wie kommst du darauf? Wie kann das eine das andere bewirken?*
- *Wodurch ist das eine vom anderen abhängig?*
- *Beschreibe bitte im Detail, wie das geschieht.*

- *An welcher Stelle gibt es andere Möglichkeiten?*
- *Gibt es Menschen, bei denen es anders ist? Könnte es auch anders sein?*
- *Was müsste sein, damit es anders wäre?*

Vorannahmen – wir wollen aufspüren, wo auf unsicherem Boden gebaut wird.

- *Wie kommst du darauf, dass diese Vorannahme gilt?*
- *Ist das wirklich so? Hält das einer Überprüfung stand?*
- *Galt das nicht nur früher und ist heute ganz anders?*

A: Eine nützliche Zusammenfassung, zum Glück habe ich sie schriftlich. Mit der Vielzahl der möglichen Fragen habe ich natürlich die Qual der Wahl. Jeder Satz bietet mir mehrere Möglichkeiten, das eine oder das andere zu hinterfragen. Wann lohnen sich welche Fragen?

B: Im realen Gespräch werden unsere Partner die Sätze nicht in der Reihenfolge anbieten, die wir jetzt kennen gelernt haben.

A: Am besten, ich besinne mich darauf, was ich jeweils erreichen möchte.

B: Voraussetzung für jedes Fragestellen sind, wie sonst auch, Vertrauen und Kontakt.

A: Auch der Wechsel zwischen Phasen des Zuhörens und des Fragestellens ist sicher wichtig.

B: Es ist nicht ausschlaggebend, jeden Satz zu hinterfragen, schon gar nicht, wenn bereits klar ist, was der Partner damit meint. Achtung und Respekt vor dem Partner gebieten das. Und in der Tat ist die Fähigkeit des Zuhörens sehr wichtig. Wir wollen den anderen weder verhören noch uns anmaßen alles besser zu wissen. Mit diesem Vorwissen aber können wir es durchaus wagen, Fragen zu stellen. Fragen, die beide bereichern.

A: Gibt es dafür eine sinnvolle Abfolge?

B: Hier ist sie:

> ***Der erste Schritt*** *ist meist, zunächst einmal alle Informationen einzuholen, die du selbst brauchst, um den Partner zu verstehen. Dazu gehören Fragen nach der Situation und nach dem Zusammenhang, von dem die Rede ist. Es ist hilfreich, wenn du dir hier vorstellst, du wärst eine Journalistin, die einen genauen Bericht über das, was geschehen ist, erstellen will. Besser noch eine Filmemacherin, die all das in einem Film darstellen möchte: den Ort, die Zeit, die Beteiligten, alles, was zwischen ihnen geschieht.*
>
> ***Der zweite Schritt****, und hier geht es um die Hintergründe des Geschehens, besteht darin herauszufinden, was dein Hauptdarsteller der Geschichte innerlich erlebt, denkt, konstruiert – und wie er darauf kommt.*
> *Dadurch wird häufig verständlich, warum die Geschichte gerade in dieser Weise verläuft. Während des ganzen Prozesses wird deinem Gesprächspartner sicherlich auch mehr von sich selbst klar, über das*

eigene Erleben, über das, was geschieht und über die eigenen Gedanken dazu. Hier kannst du alles, was verallgemeinert ausgesprochen wird, auf konkrete Situationen zurückführen. Mit den konkreten Erfahrungen kommt auch hinter den Worten wieder das wirkliche Leben hervor.

***Der dritte Schritt**, und den sollten wir nur gehen, wenn wir auch die Erlaubnis dazu haben, besteht darin, solche und nur solche Vorstellungen des Partners stärker zu hinterfragen, die ihn in seinen Wahlmöglichkeiten für die Lebensgestaltung einschränken, mit denen er sich vielleicht im Kreise dreht. Dieses Hinterfragen besteht darin herauszufinden, wie seine Vorstellungen entstanden sind – und neue Möglichkeiten zu zeigen, wie die Welt erforscht und interpretiert werden kann. Allein die Idee „Es könnte auch anders sein" setzt schöpferisches Potenzial und Wachheit für die Gegenwart frei. Entdeckt man die Herkunft einschränkender Vorstellungen, so können sie in denjenigen Zusammenhängen verstanden und verarbeitet werden, auf die sie sich beziehen. Sie werden nicht unreflektiert auf neue Situationen übertragen. Hier eröffnen sich zahlreiche Anwendungsmöglichkeiten für Beratung, Coaching und Therapie.*
Noch etwas: Manchmal kann eine treffende Frage alles in ein neues Licht stellen. Aber oft sind viele Fragen und Antworten nötig, bis die entscheidende Frage gefunden ist.

A: Wo kann ich die Meta-Modell-Fragen noch gebrauchen?

B: Wir haben es bereits im ersten Teil angesprochen: nicht nur im Gespräch mit anderen, sondern auch in unserem eigenen inneren Dialog. Im Gespräch mit uns selbst lohnt es sich oft, nachzufragen. Wie viele meiner geistigen Konzepte haben wirklich Grund und Boden – wie viele sind reine Verallgemeinerungen oder Phantasien? Welche Erfahrungen liegen meinen Gedanken zugrunde? Welche neuen Wahlmöglichkeiten habe ich, die Welt zu sehen?

A: Wichtig ist auch diese Frage: Übertrage ich unüberprüft etwas auf andere Menschen oder andere Situationen?

B: Nachfragen hilft mir auch, mich vor Manipulationen zu schützen. Zum Beispiel könnten viele Politiker, Autoritäten, Händler und Wissensbesitzer jeder Art ab und zu eine Fragestunde gebrauchen. Gute Journalisten haben ein Gefühl dafür.

A: Sogar, wenn wir keine Antwort erhalten, weil die Worte aus dem Fernseher oder der Zeitung kommen, schützen uns Fragen davor, Dinge unüberprüft in uns einsickern zu lassen.

B: Besonders dann, wenn Menschen aus unterschiedlichen Motiven allzu schnell zu wissen glauben, was gut und richtig für uns ist. Denn bei den Dingen, die uns selbst betreffen, brauchen wir meist weniger die Antwort von außen als unsere eigene – von innen. Und dafür brauchen wir keine Erklärungen anderer.

A: Das Hinterfragen mit dem Meta-Modell kann also verschiedenen Zwecken dienen, einerseits dem Herausarbeiten genauerer oder in der Sprache verborgener Informationen, aber auch dem Infragestellen dessen, was da formuliert wird.

B: In beiden Fällen werden die zugrunde liegenden Bezugserfahrungen erforscht und zurückgewonnen. Im Beratungsgespräch ist es für den Klienten oft ein großer Schritt nach vorne, auf diese Art seine eigenen, in der Sprache verloren gegangenen Bezugserfahrungen wiederzuentdecken. Es ermöglicht ihm, neue Zusammenhänge zu erkennen und eingrenzende Verallgemeinerungen loszulassen.

2. Vom Zuhören, Schweigen und Werten

A: Wer fragt und Antworten erhält, sollte auch zuhören können, oder nicht? Was macht gutes Zuhören aus?

B: Ein Glück, dass du das ansprichst, denn diese Fähigkeit wird oft übergangen – und manche schnellen Fragesteller haben nicht mal die Zeit eine Antwort abzuwarten. Gutes Zuhören beginnt mit der Wertschätzung der Person, die zu dir spricht, mit einem Interesse daran, was sie dir sagen will. Neben diesen Voraussetzungen gehört zum Zuhören das Nachfragen, immer da, wo du etwas nicht verstehst. Aber auch das kurze Wiederholen, das Paraphrasieren dessen, was du verstanden hast, ist hilfreich. So könnt ihr beide überprüfen, was angekommen ist.

A: Also, du meinst, einfach mit eigenen Worten das Gehörte noch einmal kurz zu wiederholen.

B: So, wie du es gerade getan hast, Annelie. Aktives Zuhören heißt zudem, die Worte und den ganzen Menschen auf sich wirken zu lassen – und das auch zu zeigen, sodass der Partner sich in Kontakt weiß und erkennen kann, was er auslöst. Dazu gehören Gesten, Nicken, Mimik: Sichtzeichen der Beteiligung. Ich sehe gerade, wie du nickst, Annelie.

A: Es ist sicher auch wichtig, dem anderen genügend Raum und Zeit zu geben sich darzustellen und auszudrücken.

B: Das erst ermöglicht Verbindung. Wir können dabei aber auch bemerken, was jemand nicht ausspricht, vielleicht weil er sich dessen nicht bewusst ist. Vielleicht gibt es auch Dinge, die jemand nicht sagt, weil das Vertrauen noch fehlt, weil die Höflichkeit oder auch eine Scheu es ihm nicht erlaubt. Hier ist es keinesfalls immer angebracht, alles zu hinterfragen. Gerade diese Sensibilität macht den guten Zuhörer aus.

A: Und wenn ich jemandem nicht zuhören mag, weil er mich langweilt oder weil ich etwas ganz anderes tun will?

B: Dann hilft aus meiner Erfahrung nur eines: Sei ehrlich, mache es deutlich – und zeig deine darin liegende eigene Unvollkommenheit und deine anderweitigen Bedürfnisse, damit er oder sie dich versteht und sich selbst gleichzeitig okay fühlen kann. Einen Menschen zu enttäuschen ist manchmal sogar wichtig für ihn und hilft ihm, mehr zu lernen, als würde er alles gleich bekommen.

A: Manchmal ist es auch gut, einfach miteinander zu schweigen.

B: Ich kann mir vorstellen, an welche Situationen du denkst, aber das sind nur meine Vermutungen. In einem Lied heißt es: „Meine Art Liebe zu zeigen, ist einfach schweigen. Worte zerstören, wo sie nicht hingehören." Und so banal es klingen mag, ist da, wo es um emotionale Tiefe und Austausch geht, Schweigen besser als jede Erklärung. Wir kommunizieren auf so vielen Ebenen und indem die verbale verstummt, haben die anderen Raum sich zu zeigen.

A: Umgekehrt reden wir oft wie aufgezogen, nur um nicht still sein zu müssen und das, was dann geschieht, auszuhalten.

B: Wir gehen Erfahrungen aus dem Weg, weil wir vielleicht Schönes nicht annehmen können oder aber Spannungen und Missstimmungen nicht deutlich werden lassen wollen. Wir zerreden, vertuschen und lenken ab – oder schweigen hilflos.

A: Schweigen kann uns auch helfen erst einmal Abstand zu finden und etwas innerlich zu verarbeiten. Schwierig ist es nur, wenn Schweigen als Ausdruck von Beleidigtsein, von Strafe oder Ablehnung eines anderen dient.

B: Das ist ein Weg, sich dem Partner zu verweigern – nur leider erfährt er auf diese Art meist nicht, warum und wofür. Beide haben, solange das währt, auch keine Möglichkeit, neue Wege zu suchen oder Missverständnisse aufzuklären, sondern der letzte Konflikt schwelt innerlich weiter.

A: Damit werden dann Bewertungen und Schuldzuweisungen ausgedrückt. Warum bewerten wir uns eigentlich so oft im Leben?

B: Schuldzuweisungen und Bewertungen sind eine Form Bedürfnisse zeigen zu können und dennoch brav und gerecht zu erscheinen. Uns wurde eingetrichtert, unsere eigenen Gefühle zu unterdrücken und statt dessen unsere Umgebung in gut oder böse, richtig oder falsch zu unterteilen. Statt von unserer Verletzlichkeit, unseren Empfindungen oder Wünschen zu sprechen, teilen wir dann lieber anderen mit, dass sie gut oder schlecht sind, richtig oder falsch liegen, so oder so sein sollten.

A: Ja, es war für mich ein langer Weg, zu lernen von mir zu sprechen, statt andere zu bewerten. Er hat mich bescheidener, aber auch erkennbarer gemacht. Ich sage heute viel leichter „ich bin traurig …, ich freue mich …, ich bin verletzt …, ich bin zornig …, ich begehre …“ als vor einigen Jahren.

B: Das kenne ich gut. In unserer Familie mussten wir uns beinahe wie Heilige benehmen und durften niemals wütend sein. Trotzdem waren alle gereizt und der erhobene Zeigefinger war ständig mit dabei. Ich fühlte mich wie befreit, als ich auch mal aggressiv sein durfte – und konnte dabei Wege finden das auszudrücken, ohne anderen zu schaden.

A: Davon hat jahrelang die Rockmusik gelebt. Eine nächste Generation wird vielleicht die zarten Gefühle wieder entdecken.

B: Das wäre sehr schön. Ich habe nämlich später gemerkt, dass hinter Gefühlen von Zorn und Wut manchmal noch ganz andere Empfindungen liegen, wie Verletzlichkeit, Unsicherheit, Zartheit – solche, die gar nicht zur geforderten Perfektion passten, sodass ich sie zornig abwehrte. Aber erst indem ich auch sie innerlich annehmen konnte, wurden sie zu Quellen des Wachstums.

A: Was kann ich eigentlich tun, wenn ich mich von anderen bewertet und reglementiert fühle, aber auch nicht einfach weggehen möchte?

B: Darauf hören und darauf reagieren, was sie wirklich empfinden und suchen. Das ist nicht leicht, doch es lohnt. Auch andere werden sich verwandeln.

3. Kreatives Umdeuten

A: Ich habe gemerkt, dass manche Fragen, aber auch manche Antworten wichtige Lernprozesse in mir auslösen. Viele Zusammenhänge erscheinen dann in einem neuen Licht. Kannst du mir mehr dazu sagen?

B: Gern. Dies ist der Einstieg in ein weites Feld, in dem man sich damit befasst, neue und unterschiedliche Sichtweisen auf das Leben zu ermöglichen: die Kunst des Umdeutens. Denn wenn wir Erfahrungen aus einer anderen Sichtweise betrachten, ändern sich unsere Gefühle, wir finden neue Perspektiven und Erkenntnisse. Ein Beispiel:

> *B: Nenne doch mal etwas, womit du in deinem Leben unzufrieden bist.*
> *A: Ich bin häufig zu vorlaut.*

B: Gut, diesmal will ich gar nicht genauer wissen, wie und wann das passiert. Ich möchte dich bitten, diese Eigenschaft aus verschiedenen neuen Sichtweisen zu betrachten, die ich dir vorschlage:

> *B: Könnte es sein, dass hinter deinem Vorlautsein, auch wenn es dir nicht so gut gefällt, eine wichtige gute Absicht steht? Dass du damit etwas sehr Positives für dich oder andere erreichen willst?*
> *A: Oh ja, ich möchte beteiligt sein, lebendig und spontan. Das sind tolle Ziele. Und ich bin klug, verstehe schnell. Da will ich natürlich nicht endlos warten. All das ist positiv.*
> *B: Gut, dann lass uns davon ausgehen, dass dein Inneres diese guten Absichten hat und dich deshalb häufig vorlaut sein lässt. Wäre es vielleicht möglich, diese gute Absicht auch anders zu verwirklichen als durch Vorlautsein?*
> *A: Keine Ahnung.*
> *B: Lass mich dir helfen. Wann in deinem Leben ist eigentlich das Vorlautsein besonders wichtig und auch passend?*
> *A: Wenn langweilige Leute endlos quatschen und mich für doof verkaufen wollen. Und es kam auch ganz gut an, als ich ein freches kleines Mädchen war und in der Schulklasse für Stimmung gesorgt habe.*
> *B: Und wann ist Vorlautsein nicht ganz so angebracht?*
> *A: Als reife Frau, noch dazu in eleganter Kleidung, wirkt das komisch. Noch mehr, wenn ich gar nicht weiß, worum es geht, wenn ich damit jemandem das Wort abschneide, den ich eigentlich sehr mag, oder wenn ich jemandem zu schnell sage, was ich denke, was er zu tun hat …*
> *B: Es gibt also Lebensumstände, in denen Vorlautsein durchaus erwünscht sein kann und andere, in denen es nun mal unpassend zu sein scheint. Worauf kommt es denn in diesen letzteren Umständen an?*

A: Dass ich den anderen auch ihren Raum gebe, erst mal verstehe und dann rede – und dass ich so etwas wie innere Ruhe habe. Ich hab es dann gar nicht nötig zu zeigen, wie klug ich bin. Ich kann das ausstrahlen.

B: Diese Ausstrahlung würde das Vorlautsein also gut ersetzen. Weißt du ganz tief innen, was du kannst und was du wert bist?

A: Heute durchaus, früher war ich sehr unsicher. Übrigens, ich merke, mein Inneres fängt gerade an zu lernen, worauf es ankommt. Und ich habe die Ahnung, dass ich Vorlautsein gar nicht mehr nötig habe. Danke schön.

B: Fassen wir einmal zusammen, durch welche Fragen oder Botschaften wir Menschen zu neuen Sichtweisen verhelfen können. Das Gespräch hat einige davon enthalten:

Das erste Umdeuten:
Hinter deinem Verhalten steckt eine gute Absicht. Als Frage formuliert: Liegt hinter deinem Verhalten, bewusst oder unbewusst, eine gute Absicht?

Das zweite Umdeuten:
Du kannst deine Absicht auf anderen Wegen verwirklichen. Als Frage: Kannst du deine gute Absicht auf andere Art und Weise verwirklichen? Hast du kreative Ideen?

Das dritte Umdeuten:
Dein Verhalten ist oder war in bestimmten Lebensumständen sinnvoll und passend, in anderen weniger. Du brauchst es daher nur an der richtigen Stelle einzusetzen. Fragen dazu: Wann und wo in deinem Leben hast du das gelernt oder wann und wo war es das Beste, was du zur Verfügung hattest? Kannst du heute für die anderen Bereiche, in denen es nicht ideal war, etwas Besseres finden? Hast du etwas Passenderes zur Verfügung?

A: Das ist eine wertvolle Hilfe. Lass uns nun über eines deiner Themen sprechen:

B: Ich habe eine Glatze und deshalb bin ich unattraktiv.

A: Für mich bedeutet das gar nicht, dass du unattraktiv bist, sondern es macht dich sehr interessant und männlich. Es hat auch was Ehrliches, wie du sie offen trägst und dazu stehst, ganz wie früher Yul Brunner, statt dich wie Heino zu tarnen. Und all das hat zur Folge, dass viele Frauen gern in deiner Nähe sind.

B: Oh!

A: Denn sie sehen in dir einen verwunschenen Prinzen, den es lohnt wachzuküssen.

B: Meinst du das alles ernst?

A: Schau mich doch an!

B: Das mit dem Anschauen ist ein deutlicher Hinweis darauf, dass es nicht die Worte allein sind, die dafür sorgen, wie eine Botschaft ankommt. Der Zusammenhang, in dem sie gesprochen werden, ist ebenso wichtig. Die Art und Weise, die Echtheit, bestimmen, wie sie wirken.

A: Hast du gemerkt, dass ich neue Formen des Umdeutens verwendet habe? Wir können sie gleich den vorherigen hinzufügen:

> ***Das vierte Umdeuten:***
> *Das Ereignis hat eine ganz andere, eine positive Bedeutung. Als Frage: Könnte das nicht auch etwas Gutes bedeuten?*
> ***Das fünfte Umdeuten:***
> *Der Sachverhalt hat positive Auswirkungen. Als Frage: Was wird dadurch jetzt oder später für dich im Leben möglich?*

B: Jetzt haben wir fünf klassische Wege etwas auf andere Art zu betrachten: die gute Absicht dahinter; neue Wege entdecken; passende und unpassende Kontexte erkennen; andere, positive Bedeutungen finden; positive Folgen herausfinden.

A: Am stärksten berührt mich so etwas, wenn ich selbst das Thema bin, wenn es um meine Identität oder um meine Zugehörigkeit geht. Und wenn diese plötzlich in einem neuen Licht erscheint.
Ich glaube, auch die seelische Verarbeitung gesundheitlicher Probleme ist ein wichtiges Gebiet, in dem das Umdeuten viel bewirken kann.

B: Es gibt zahlreiche Bücher, die den psychischen Hintergrund von Krankheiten auf diese Art befragen und unterschiedliche Antworten darauf geben. Die wichtigsten Antworten sind dabei immer diejenigen, die aus deinem Inneren kommen.

> A: *Jetzt ahne ich, was es mit meiner Migräne auf sich hat. Die kommt nämlich immer, wenn ich in dieser Abteilung sitze. Sie will mich vor etwas schützen.*
> B: *Wovor denn?*
> A: *Das behalte ich vorerst für mich, aber ich fasse den Mut die Sache offen anzusprechen, und dann brauche ich die Migräne vielleicht gar nicht mehr.*

A: Gibt es noch mehr solcher Aussagen und Fragen, welche die Sichtweise verändern?

B: Wir können all die bisherigen kombinieren und noch viele andere hinzunehmen.

> A: *Denk noch einmal an deine Glatze, Bernard, und lass meine Worte innerlich wirken, ohne zu antworten:*
> *Nun betrachte dich einmal mit den Augen eines anderen Menschen. Und zwar eines Menschen, der dich liebt.*
> *Wie würde jemand, den du bewunderst, damit umgehen?*
> *Wie wirst du diese bisherige Schwierigkeit in zehn Jahren einschätzen, wenn du wichtige Schritte auf deinem Lebensweg gegangen bist?*

Vielleicht geht es dir bei diesem Thema um etwas ganz anderes …

B: Dein erster Satz hat schon alles in mir verändert. Die anderen konnte ich gar nicht so schnell verarbeiten.

A: Ich hab 's gemerkt, aber es war so schön, dich dabei zu sehen, dass ich mich gar nicht bremsen konnte. Ich glaube, in der Praxis brauchen wir gar nicht viele verschiedene, sondern nur eine wirklich passende Umdeutungsbotschaft.

B: Besonders, wenn es die richtige, das heißt zutreffende ist. Aber wir möchten unseren Lesern hier natürlich viele Möglichkeiten zeigen, wie diese eine aussehen könnte.

A: Kennst du noch andere Umdeutungen – ich hätte da nämlich noch ein Thema. Ich bin immer ganz hilflos, wenn mir jemand den Vorwurf macht, ich wäre nicht pünktlich, nicht ordentlich oder nicht rücksichtsvoll genug.

B: Lass es uns probieren. Aber in vertauschten Rollen. Dann kannst du mich anklagen.

A: Endlich mal eine neue Rolle:

> *A: Bernard, du bist furchtbar chaotisch, das geht doch nicht. Du solltest ordentlicher sein und alles viel besser machen.*
>
> *B: Trifft das, was du dir von mir wünschst, denn auf dich selbst zu?*
>
> *A: Natürlich, ich bin perfekt.*
>
> *B: Ist das allgemein gültig? Bist du immer perfekt und ich immer chaotisch?*
>
> *A: Es ist gar nicht so leicht, in der Rolle zu bleiben: Natürlich ist das immer so.*
>
> *B: Gibt es kein einziges Gegenbeispiel? Ist deine Anklage nicht auch ein bisschen ungeordnet und überbordend?*
>
> *A: Ach weißt du, manchmal ist es auch angebracht, wild zu sein.*
>
> *B: Finde ich auch.*

A: Ich glaube, Vorwürfe machen wir immer dann, wenn wir an uns selbst etwas noch nicht zulassen, was jemand anderes sich erlaubt.

B: Das kann durchaus sein. Und Vorwürfe ändern meistens wenig, außer dass sich jemand schlecht fühlt – es aber trotzdem weiter macht.

A: Wenn ich wirklich etwas nicht zulassen will, dann ist handeln und Konsequenzen ziehen ein viel besserer Weg als ein Vorwurf.

B: Und vorbeugen ist besser als heilen: Von vornherein klären, was jeder Seite wichtig ist, was jeder erwartet – und wozu die Beteiligten in der Lage sind.

A: Es hat nämlich keinen Sinn, anderen vorzuwerfen, dass sie nicht so sind wie ich. Wenn ich aber mein eigenes Leben glücklich und erfüllt gestalte, brauche ich das auch gar nicht.

B: Und alles, was wir jetzt gesagt haben, waren auch sinnvolle Formen des Umdeutens.

A: Gibt es noch ganz andere?

B: In Lebensbereichen, wo es um die persönliche Weiterentwicklung, das bewusste Reflektieren der eigenen Erfahrungen geht, werden häufig die folgenden Formen angewandt.

> *Er: Nun hat mich schon die vierte Frau verlassen.*
> *Sie: Was will dir das zeigen?*
> *Er: Dass ich nicht mit Frauen umgehen kann.*
> *Sie: Was kannst du daraus lernen?*
> *Er: Weiß nicht. Jetzt muss ich erst mal alles alleine machen.*
> *Sie: Was tut das für dich?*
> *Er: Ich werde selbstständig.*
> *Sie: Genau das ist vielleicht jetzt für dich dran!*

B: Du merkst, dass zahlreiche der Meta-Modell-Fragen von vorhin auch beim Umdeuten wieder auftauchen.

A: Können wir bestimmte Fragen und Botschaften auch einfach hintereinander stellen? – Zum Beispiel …

> *Was ist deine gute Absicht?*
> *Was ist die gute Absicht hinter dieser guten Absicht?*
> *Was ist die gute Absicht hinter dieser guten Absicht hinter dieser guten Absicht? Usw.*

B: Ein solches Fragen führt oft zu tief gehenden Einsichten – erfordert Vertrauen und Offenheit. Ein anderes Beispiel:

> *Welche Folge hat das?*
> *Was wird dadurch möglich?*
> *Welche Auswirkungen hat dies wiederum?*

A: Hast du Vertrauen zu mir, Bernard?

B: Ja.

A: Dann lass uns einmal über etwas ganz Banales sprechen, aber etwas, was du dir wünschst.

> *B: Ich möchte einen neuen Computer.*
> *A: Was wird dadurch für dich möglich?*
> *B: Ich kann ganz komplexe Programme blitzschnell laufen lassen.*
> *A: Und was ist das Gute daran?*
> *B: Das bedeutet geistige Freiheit und Überblick – und dass ich meine Gedanken in neuen Dimensionen darstellen kann.*
> *A: Und was wird dadurch möglich?*
> *B: Damit kriege ich Übersicht und Struktur in mein Leben.*
> *A: Und was würde das für dich tun?*
> *B: Ich könnte die richtigen Entscheidungen treffen, weil ich Orientierung im Leben habe.*
> *A: Und wenn dir das möglich wäre?*
> *B: Dann würde ich Selbstsicherheit finden.*

A: Und dann?
B: Wissen, dass ich meinen Gefühlen vertrauen kann.
A: Vielleicht kannst du deinem inneren Wissen schon heute vertrauen.
B: Das wäre das schönste Geschenk.
A: Du kannst es kostenlos bekommen. Von dir selbst.

B: Ist ja irre – und genau der umgekehrte Weg, den die Werbung zeigt. Was ich wirklich will, erweist sich als unabhängig vom Konsum. Jetzt habe ich auch noch Geld gespart.

A: Ich habe einmal den Satz gehört: „Du kriegst niemals genug von dem, was du nicht wirklich willst." Das heißt, wenn die eigentliche Befriedigung ausbleibt, wirst du sogar abhängig von etwas, versuchst es immer wieder.

B: Deshalb ist es gut, mich darauf zu besinnen, was ich wirklich will – und es mir auf viel einfachere Art zu erlauben und zu erfüllen.

4. Das Rhetorik-Modell

A: Lass uns nun die verschiedenen Möglichkeiten des Umdeutens zusammenfassen und an einem Beispiel darstellen.

B: Am besten, wir verwenden die bereits bekannten Umdeutungsformen in der gleichen Reihenfolge, wie wir sie eingeführt haben, fügen aber noch wichtige andere hinzu. Zusammen ergeben sie ein sehr hilfreiches Modell für die sprachliche Rhetorik und das dialektische Streitgespräch: Taufen wir es das Sinn-fonik-Modell. Sinn-fonik heißt für mich: Sinn gebendes Zusammenspiel.
Dazu gehört auch eine Sammlung von Sprachmustern, die als „Sleight-of-mouth-Modell" gelehrt werden, was soviel bedeutet wie „Gleitfähigkeit der Zunge".

A: Ich trage die Aussage dazu bei, anhand derer wir die Sprachmuster zeigen.

B: Es könnte eine einschränkende Überzeugung sein, die es lohnt, mithilfe des Umdeutens zu verändern.

A: Genau so eine habe ich. Sie lautet: „Wenn ich älter werde, dann werde ich auch schwächer und kränker." Das ist nicht meine Überzeugung, doch es macht mich traurig, wenn andere so denken und darunter leiden.

B: Der erste Schritt besteht darin, den Menschen, der uns diese Botschaft gibt, näher kennen zu lernen und zu erfahren, in welchem Zusammenhang und wie er zu dieser Aussage kam, aber auch, wie sie gemeint ist. Eine Vielzahl sensibler Fragen, Rückmeldungen und neuer Fragen mag dazu gehören.

A: Also ein Prozess des Klärens und des Verstehens, der uns hilft, die richtige Antwort zu geben.

B: Ja, das ist eine Voraussetzung. Wir wollen uns an dieser Stelle jedoch auf Folgendes konzentrieren: Welche Wahlmöglichkeiten haben wir, eine solche Aussage, sobald wir sie verstanden haben, zu beantworten? Doch erst nachdem wir verstanden haben, was sich individuell hinter einer solchen Aussage verbirgt, werden wir in der Lage sein, aus den vielen Antwortmöglichkeiten jene herauszufinden, die für unser Gegenüber hilfreich und bereichernd ist.

A: Vielleicht werden wir auch gar nichts sagen, sondern einfach Mitgefühl zeigen.

B: Ja, es ist so, dass wir für verschiedene Menschen, die uns jenen Satz sagen, verschiedene Botschaften finden müssen. Die Botschaften können auch als Fragen formuliert sein.

A: Ich möchte im Bewusstsein dieser Voraussetzungen kennen lernen, welche Möglichkeiten des Antwortens und Umdeutens mir zur Verfügung stehen. Am Anfang steht noch einmal jene für das Leben vieler Menschen eingrenzende Überzeugung:
Wenn ich älter werde, dann werde ich auch schwächer und kränker.

1. Umdeuten:

Wir wollen die gute Absicht oder die Ursache für diese Aussage erforschen.

- *Du sagst das sicher, weil du jetzt mehr für deine Gesundheit tun möchtest.*
- *Vielleicht empfindest du das so, weil du dich gerade überlastet fühlst und möchtest, dass ich dich unterstütze?*

2. Umdeuten:

Aufzeigen alternativer Möglichkeiten und Wege für die gute Absicht.

- *Du hast das Recht, im Alter die Mühen des Lebens loszulassen und die Früchte des Lebens zu genießen. Auch wenn du weiterhin stark und gesund bist.*
- *Es könnte auch sein, dass du gesünder und stärker wirst, weil du dich im Alter von vielen Lasten und Blockaden aus deiner Vergangenheit befreit hast.*
- *Es gibt heute sehr viele Möglichkeiten, sich bis ins hohe Alter gesund zu halten.*

3. Umdeuten:

Herausarbeiten, für welche Lebenssituationen beziehungsweise unter welchen Bedingungen die Aussage sinnvoll ist, für welche nicht. Kontextualisieren.

- *Das ist sicher richtig, wenn es darum geht, sich zu schonen und einen Anspruch auf Unterstützung zu haben. Wenn diese aber gewährleistet ist, dann kannst du im Alter sehr viele, bis dahin unausgelebte Seiten deines Wesens ausprobieren und dir viele Bedürfnisse erfüllen. Das schafft neue Kraft und inneres Gleichgewicht.*
- *Das gilt für manche Menschen, für andere nicht. Vieles kannst du sogar selbst dafür tun, damit es für dich und auch andere anders kommt.*
- *Im sehr hohen Alter, wenn das Leben zur Neige geht, mag das so sein, doch davor liegen viele erfüllte und gesunde Jahre – und geben dem Leben einen anderen Sinn, als du ihn heute vielleicht siehst.*

4. Umdeuten:

Das Gesagte hat eine andere Bedeutung.

- *Wenn du älter wirst, dann bedeutet das nicht, dass du schwächer und kränker wirst, sondern dass du reifer, entspannter und natürlich auch sensibler für das Leben wirst. Es kann durchaus richtig sein, dass ein feines und sensibel funktionierendes Laufwerk einer Uhr mehr Aufmerksamkeit und behutsame Pflege braucht. Aber die Feinheiten des Lebens erfasst ein so erfahrener und sensibler Organismus umso mehr.*

- *Älter werden bedeutet auch einen neuen Ort im Leben einzunehmen, den Jüngeren das Jagen und Hasten zu überlassen – und inneren Frieden zu finden.*

5. Umdeuten:

Betrachten möglicher Auswirkungen des Gesagten.

- *Dann bekommst du endlich vom Staat zurück, was du so lange und zuviel eingezahlt hast.*
- *So wird es möglich, dass du loslassen kannst von dem Stress des Alltags, ganz bei dir und den deinen sein kannst, um auf neue Art am Leben teilzuhaben.*
- *Es zeigt dir, dass dieses Leben endlich ist und dass die Zeit kommt, das Wichtige vom Unwichtigen zu trennen und die eigene Bahn zu vollenden.*
- *Das lehrt dich nach dem Stolz der Jugend die Demut vor jedem Tag, der ein Geschenk der Schöpfung ist.*
- *Es kann sein, dass lediglich dein Pessimismus dich im Alter schwächer und kränker machen würde, da Überzeugungen den Gang der Entwicklung stark beeinflussen. Umgekehrt wirkt der Glaube an deine Gesundheit bis ins hohe Alter lebensspendend.*

6. Umdeuten:

Es gibt Gegenbeispiele, die Aussage ist nicht allgemein gültig.

- *Ich kenne viele alte Menschen, die voller Gesundheit, geistiger Frische und Schaffenskraft sind.*
- *Mutter Theresa holte bis ins hohe Alter schwache und kranke Jugendliche von den Straßen und pflegte sie mit ihrer Energie gesund.*

7. Umdeuten:

Es geht um etwas anderes oder etwas anderes ist wichtiger.

- *Es geht nicht darum, was das Älterwerden tut, sondern was du heute schon für dich tust, damit du ein glückliches und gesundes Alter erleben kannst.*
- *Es geht nicht um das äußere, sondern um das innere Alter. Gesundheit und Kraft sind nicht vom Alter abhängig, sondern davon, wie wir mit uns selbst umgehen und ob wir in Liebe mit anderen Menschen verbunden sind.*
- *Es geht nicht darum, wie gesund und stark wir wann sind, sondern ob wir uns selbst mit allem, was uns geschieht, annehmen können und aus jeder Erfahrung lernend weiter wachsen.*

8. Umdeuten:

Spezifizieren der Aussage.

- *Welche Funktionen deines Organismus hältst du für schwach oder gefährdet? Wie genau kannst du diese stärken?*
- *Welche Funktionen deines Körpers sind im Alter sogar ausgeglichener und effizienter?*
- *Ab welchem Lebensjahr solltest du etwas für dein Alter tun?*
- *In welchem Jahr genau tritt bei einem Menschen welche Schwächung auf?*

9. Umdeuten:

Ziehen von positiven Schlussfolgerungen aus der Aussage.

- *Wenn das so ist, wie kannst du dich darauf vorbereiten?*
- *In welcher Weise kann ich dich unterstützen?*

10. Umdeuten:

Verständnis und Zuwendung.

- *Ich verstehe nur zu gut.*
- *Das hast du jetzt erlebt und ich kann mir vorstellen, dass es nicht leicht für dich ist. Auch wenn du es jetzt so erlebst, lieben wir dich, sogar mehr als früher.*
- *Wir danken dir für alles, was du für uns getan hast.*

11. Umdeuten:

Verallgemeinerung, auch Übertreibung.

- *Das ist also immer so?*
- *Dann müssten ja alle alten Menschen den ganzen Tag gepflegt werden und kein Enkelkind könnte mit Oma oder Opa jemals spielen. Und fast alle Politiker gehörten in die Krankenhäuser statt auf Regierungsplätze.*
- *Dann sind ja nur Neugeborene noch stark, danach müsste es mit allen bergab gehen.*
- *Wenn du lebst, dann veränderst du dich!*
- *Wenn du dein Leben lebst, dann wirst du also schwach und krank?*

12. Umdeuten:

Verwenden eines Gleichnisses.

- *Die Bäume, der Wein und die Landschaft werden immer einmaliger und wertvoller, je älter sie werden.*
- *Die ältesten Ginseng-Wurzeln sind über tausend Jahre lang gewachsen, unbezahlbar wertvoll und heilsam, während man die jungen Wurzeln aus dem Zuchtbeet für ein paar Mark bekommt.*

13. Umdeuten:

Hinterfragen der Herkunft der Überzeugung.

- *Wie kommst du auf diesen Zusammenhang? Die Wissenschaft hat ermittelt, dass die Menschen zwischen 35 und 45 am meisten medizinische und psychiatrische Hilfe brauchen.*
- *Wer hat dir das gesagt und für wen gilt das? Für alle?*
- *Viele moderne alte Menschen haben heute ganz andere Überzeugungen gewonnen und neue Zusammenhänge erkannt. Das Forschungsgebiet hierzu heißt „Geriatrie“.*

14. Umdeuten:

Anwenden der Aussage auf die Aussage selbst oder auf den Angesprochenen.

- *Diese Annahme ist uralt und deshalb überholt und nicht mehr sehr standhaft. Sie zerfällt aufgrund vieler neuer Erfahrungen und Erkenntnisse, die sie ablösen.*
- *Du bist ja auch nicht mehr ganz jung, und doch hab ich dich selten so fit erlebt, oder etwa nicht?*

15. Umdeuten:

Einnehmen einer allgemeineren Wahrnehmungsposition.

- *Alles Kommen und Gehen ist ein großer Kreislauf in einer großen Lebensspirale. Jegliches hat seine Zeit und ist zu seiner Zeit richtig. Wenn auf einer Ebene das eine geschieht, dann erlebst du auf der anderen Ebene das Gegenteil: körperliche Schwäche, doch geistiger Friede, Verlieren des einen, Gewinnen des anderen.*
- *Wie gut zu wissen, dass andere da sind, die weitergehen und dir die Freiheit und Ruhe ermöglichen.*

16. Umdeuten:

Umbenennen oder Umdefinieren einzelner Worte der Aussage, sodass daraus ein neuer Sinn entsteht.

- *Ich würde es anders nennen: Wenn du reifer wirst, dann wirst du ruhiger und empfindsamer.*
- *Wenn du dein Leben lebst, dann wirst du erfahrener und sensibler.*

17. Umdeuten:

Wiederholen der Aussage als Frage oder mit anderen Satzzeichen beziehungsweise Ergänzen der Aussage durch einzelne Worte.

- *Wenn du älter wirst, wirst du schwächer und kränker?*
- *Nein, denn wenn du älter wirst, wirst du, wirst du! Und das heißt alles andere als schwächer und kränker.*

18. Umdeuten:

Logisches Weiterspinnen der Aussage, welches diese in Frage stellt.

- *Das heißt also, wenn du vom Kindergarten in die Schule kommst, wirst du schwächer und kränker?*
- *Wenn sich ein Mensch zur Ruhe setzt, wird er also schwächer und kränker?*

19. Umdeuten:

Relativieren der Aussage durch Bedingungen für ihre Gültigkeit oder einschränkende Worte.

- *Das gilt, wenn überhaupt, erst ab 90.*
- *Manchmal ist das so und manchmal anders.*
- *Wenn Menschen mit sich selbst und in Harmonie mit der Natur leben, dann erleben sie bis ins hohe Alter Gesundheit, selbst wenn die Kraft im allerletzten Lebensabschnitt nachlässt.*
- *Was du sagst, meint das innere Alter, nicht das nach der Anzahl der Jahre. Wer innerlich jung bleibt, der kann es auch geistig und körperlich bleiben.*

20. Umdeuten:

Sich in die Position eines anderen oder in eine andere Situation und Zeit hineinversetzen.

- *Wie oft hast du als junger Mensch Hilfe und Verständnis bei Älteren gefunden, haben sie dir Mut und Energie gegeben. Und die sollen schwächer und kränker als du gewesen sein?*
- *Was würdest du als Mutter deinen heranwachsenden Kindern über das Älterwerden sagen?*

21. Umdeuten:

Stehenlassen der bisherigen Aussage, aber Ergänzen durch eine andere Aussage.

- *Das mag so sein, aber ist es nicht auch so, dass älter werdende Menschen dafür vieles erfahren und vollenden, was ihnen in der Jugend verschlossen war, sodass sie freier, bewusster und entspannter die Früchte des Lebens genießen können?*

A: Ich merke, dass ich selbst mit deinen Worten viele neue Aspekte des Älterwerdens entdeckt habe. Manche der Umdeutungen haben mich weniger angesprochen, andere haben mich sehr berührt.

B: Es kommt wirklich darauf an, für jeden Menschen die individuell richtige Aussage zu finden.

A: Und das erfordert viel Einfühlungsvermögen.

B: Mit Einfühlungsvermögen können wir das Umdeuten in konstruktiver Weise zur Unterstützung von Menschen nutzen, ohne Einfühlungsvermögen können wir damit aber auch wie der Elefant im Porzellanladen wirken – und gute Freunde verlieren.

A: Ich glaube, wir könnten all diese Formen auch im Streitgespräch verwenden.

B: Wir können damit ebenso wohl tun wie verletzen. Deshalb liegt der Wert dieser Sprachmuster im Herzen und in der Reife des Anwenders. Wenn wir die Muster betrachten, erkennen wir, dass eigentlich jede Aussage relativ ist, dass die Begriffe „wahr" und „unwahr" ganz davon abhängen, wer etwas aus welcher Sicht wahrnimmt. Wichtiger als Wahrheit sind deshalb Begriffe wie „lebensfördernd" oder „lebensbehindernd". Wir erkennen, dass bestimmte Überzeugungen, wenn es nicht mehr um deren doch so relative Wahrheit geht, sich nur diesem einen Maßstab zu stellen haben: Was fördert das Leben? Welches Denken macht was möglich?

A: Religiösen Fanatikern und Besitzern der Weisheit fallen solche Einsichten schwer. Sie beharren auf ihrer Sicht der Dinge.

B: Und das bringt ihnen vordergründig nicht wenig Nutzen. Manche Leute wissen sehr wohl um die Relativität der Aussagen, nutzen sie aber im Kampf gegen ihre Rivalen.

A: Ein kräftiger Streit kann für alle Beteiligten bereichernd sein.

B: Doch wo es allein um Macht geht, ums alleinige Rechthaben um jeden Preis, verkennen wir ein wichtiges Prinzip: Der andere hat genauso Recht, nur eben von einer anderen Ausgangsposition her kommend.

A: Dass jemand eine Position einnimmt, hat also eine für diesen Menschen sinnvolle Intention, auch wenn sie in den Äußerungen nicht erkennbar ist.

B: Und auch, wenn die Intention auf diesem Weg nicht erreicht wird.

A: Doch erst, wenn wir die zugrunde liegende Intention, vielleicht auch die damit verbundene Bedürftigkeit eines Menschen erkennen, werden wir sensibel für ihn und haben eine Chance, selbst die richtigen Worte zu finden.

B: Das gilt auch für den Wettkampf: Der kluge Schachspieler weiß, dass sein Gegenüber ein Spielfreund ist – und dass beide aus jedem Spiel lernend und wachsend hervorgehen sollten, damit das nächste Spiel noch interessanter wird.

A: Auch die alten Römer wussten im dialektischen Streitgespräch im Senat und in ihren Reden all diese Umdeutungen zu verwenden. Von denen haben wir sie schließlich auch gelernt.

B: Im Machtkampf, im Wettbewerb, in der Politik und in Ideologien wird das Umdeuten oft ohne diesen Respekt benutzt. Denk einmal daran, wie Politiker über ihre Gegenspieler sprechen. Schnell werden negative Absichten unterstellt, negative Bedeutungen und Folgen konstruiert.

A: Ich werde jene wählen, die fair mit ihren Gegnern umgehen, deren Qualitäten würdigen und von ihnen lernen. Denn die sind wirklich kooperationsfähig und damit besser für die Meisterung der Aufgaben in unserer Zeit gerüstet als jene, die nur Grenzen ziehen.

B: Lass uns eine Rede hören, die der Unternehmensberater Manfred Bohn schrieb, nachdem er diese Sprachmuster in einem Seminar erlernt hatte und gleichzeitig in Deutschland das Thema Ausländerfeindlichkeit öffentlich Wellen schlug. Auch hier geht es um nicht mehr, aber auch nicht weniger als andere und neue Sichtweisen.
Die jeweils verwendeten Kategorien werde ich an Ort und Stelle hinzufügen.

An die Jugend von Köln!

... und Köln ist überall, also: an die jüngere Generation!

„Wenn wir Ausländer ins Land lassen, dann wird es uns immer schlechter gehen." – Wenn wir Bayern ins Land lassen, dann wird es uns immer schlechter gehen. Wenn wir Hessen ins Land lassen, dann wird es uns immer schlechter gehen. Wenn wir Sachsen ins Land lassen, dann wird es uns immer schlechter gehen.

(Verallgemeinerung und Übertreibung, logisches Weiterspinnen der Aussage)

Alles wird anders sein. Es wird mehr zu tun geben durch neue Ideen, durch Kreativität, durch zusätzliche Bedürfnisse. Wir müssten womöglich sogar, wenn wir das nicht verhinderten, Arbeitsstätten vergrößern, um mit der Mehrarbeit, die durch jeden neuen Besucher oder Bewohner entstehen kann, fertig zu werden. Wir müssten Wohnungen verändern und neue bauen, um mehr Platz für größere Familien zu schaffen. Und wir müssten mehr Kindergärten bauen und Schulen hinzufügen, um mehr anleiten und ausbilden zu können. Wenn wir andere Menschen zu uns lassen würden, dann könnte das sogar zur Vollbeschäftigung führen mit neuen Anforderungen und womöglich mit mehr Zufriedenheit für alle.

(Umdefinieren des Wortes „schlechter" in „anders" und Aufzeigen positiver Auswirkungen)

Doch wie war es damals, vor vielen Jahren, zur Zeit der Römer? Auch da gab es enorme Veränderungen. Sie kamen nicht in friedlicher Absicht, sondern mit dem Ziel, uns zu erobern. Selbst aus dieser Absicht sind Dinge entwickelt worden, die wir heute noch hier im Umfeld beobachten können. Wenn ihr rüber geht ins Römisch-Germanische Museum, gleich dort rechts, seht ihr Spuren der Kultur, des Fortschritts, der Künste. Trotz der damals klaren Absicht hat es Veränderungen gegeben, von denen wir heute noch zehren können. Wir sind reicher geworden.

(Aufzeigen eines historischen Gegenbeispiels)

Einige von euch sind hier geboren, in dieser Stadt, andere im Norden oder im Süden des Landes. Wo aber kamen eure Vorfahren her, vor hundert, vor tausend oder vor zweitausend Jahren? Waren es Deutsche? Germanen? Ausländer? Wie sieht es in eurer Familie aus? Wo stammen denn die Babys her? Wo kommen wir denn hin, wenn wir Neugeborene in die Häuser von Eheleuten (und damit auf die Welt) ließen? (Störche werden ab sofort bestraft!)

(Anwenden der Aussage auf die Angesprochenen und ihre Vorfahren selbst. Logisches Weiterspinnen, das die Aussage in Frage stellt)

Wie war es bei euch, als Vater und Mutter beschlossen, euch zuzulassen, euch in ihr Leben zu lassen? Würdet ihr heute freiwillig auf eure Eltern oder Geschwister verzichten wollen? Wer von euch war noch nicht im Ausland oder zu Besuch bei Fremden und erinnert sich nicht an die Gastfreundschaft, die ihm dort begegnete? Vielleicht unter viel schwierigeren Bedingungen, als wir sie hier gewohnt sind. Und ist es euch nicht auch schon so gegangen, dass ihr in der Fremde Freunde gewonnen habt, im Austausch, in der Begegnung und mit Offenheit?

(Sich in andere Personen und Situationen hineinversetzen)

Jugend von Köln, lasst Vielfalt, Freiheit und Erneuerung zu, als Symbole der geistigen Jugend. Lasst Änderungen eurer Gedanken zu, denn sie sind eure persönliche Freiheit.

(Darstellen der positiven Bedeutung von Veränderung und alternativer Wege)

Wie geht es euch, wenn ihr als Fremde allein irgendwo, in einer anderen Stadt seid? Könnt Ihr euch vorstellen, wie es ist, allein im Urwald, in einer Wüste oder in New York zu sein? Und stellt euch bitte vor, ihr wäret heute als Fremde hier, in dieser für euch fremden Stadt unter Fremden.

(Sich in eine andere Position und Situation hineinversetzen)

Wenn wir das Wertvollste des anderen, nämlich ihn selbst, den Menschen, ablehnen, dann werden wir verarmen. Und wenn wir das konsequent tun würden oder wollten, dann bitte auch wirklich konsequent. Dann sollte kein fremdes Auto mehr auf unseren Straßen zu sehen sein. Wir dürften keine Freunde mehr in fremden Ländern haben, wir dürften kein Kleidungsstück tragen, was nicht seinen Ursprung hier, ja, wo denn eigentlich hat. Sollte die Baumwolle für unser Hemd, unsere Bluse hier in Köln wachsen, um nicht fremd zu sein oder sollte sie zumindest rheinisch sein oder nur deutschen beziehungsweise europäischen Ursprungs oder vielleicht doch auch aus Indien oder Südamerika kommen können?

(Aufzeigen negativer Auswirkungen der Aussage und logisches Weiterspinnen, das die Aussage in Frage stellt)

Ablehnung des Fremden heißt verarmen.

(Zuweisen einer anderen, hier negativen Bedeutung)

Wer von euch war noch nicht in einem anderen Land? Wer von euch hat bisher nur deutschen Käse gegessen? Alles wäre kleiner ohne das Fremde. Alles ist größer mit Vielfalt und anderem.

(Anwenden auf die Angesprochenen, Verallgemeinern)

Was für Nero die Christen und für Hitler die Juden waren, sind für uns ein wenig auch die Ausländer? Wovor haben wir Angst? Angst vor uns?

(Gleichnis, Ansprechen einer unbewussten positiven Absicht: die Vermeidung von Angst)

Vielleicht ist es nachvollziehbar, dass aus der Veränderung die Kraft für eure Existenz kommt – im guten Sinne und für alle. Seid euch dessen bewusst, ihr seid die Bürger Kölns, Deutschlands, Europas und der Welt.

(Positive Folgen und alternative Wege)

Die Anfänge sind gemacht. Politische Systeme, über Jahrzehnte verhärtet, sind gewichen. Veränderungen finden statt. Oft mit Schwierigkeiten, Hindernissen und Problemen, aber sie ermöglichen auch neue Perspektiven. Seht das Fremde! Schaut hin, hört hin, geht hin, fühlt hin. Damit wird es Gewohnheit und ein Teil von euch.

(Aufzeigen alternativer Wege mit positiven Auswirkungen)

Mitmachen, das bedeutet jung zu sein, und ihr seid die Jugend, heute. Jungsein hat (vor etwa zweitausend Jahren) Marc Anton wie folgt beschrieben:

(Bedeutungszuweisungen zum Jungsein. Anwenden auf die Angesprochenen)

Die Jugend kennzeichnet nicht einen Lebensabschnitt, sondern eine Geisteshaltung; sie ist Ausdruck des Willens, der Vorstellungskraft und der Gefühlsintensität. Sie bedeutet Sieg des Mutes über die Mutlosigkeit, Sieg der Abenteuerlust über den Hang zur Bequemlichkeit.

Man wird nicht alt, wenn man eine gewisse Anzahl Jahre gelebt hat: Man wird alt, wenn man seine Ideale aufgibt. Die Jahre zeichnen zwar die Haut – Ideale aufgeben aber zeichnet die Seele. Vorurteile, Zweifel, Befürchtungen und Hoffnungslosigkeit sind Feinde, die uns zur Erde niederdrücken und vor dem Tod zu Staub werden lassen.

Jung ist, wer noch staunen und sich begeistern kann. Wer noch wie ein unersättliches Kind fragt: Und dann? Wer die Ereignisse herausfordert und sich freut am Spiel des Lebens.

Ihr seid so jung wie euer Glaube. So alt wie eure Zweifel. So jung wie euer Selbstvertrauen. So jung wie eure Hoffnung. So alt wie eure Niedergeschlagenheit.

Ihr werdet jung bleiben, solange ihr aufnahmebereit bleibt: empfänglich für das Schöne, Gute und Große; empfänglich für die Botschaften der Natur, der Mitmenschen, des Unfasslichen. Sollte eines Tages euer Herz geätzt werden von Pessimismus, zernagt von Zynismus, dann möge Gott Erbarmen haben mit eurer Seele, der Seele eines Greises. Deshalb, seid jung und lasst Vielfalt zu – und ihr werdet jung bleiben.

(Den letzten Abschnitt habe ich aus gutem Grund nicht unterbrochen. Neben alternativen Wegen, positiver Bedeutungszuordnung und Ansprechen von Auswirkungen wird hier auch eine neue, allgemeinere Wahrnehmungsposition eingenommen. Zugleich werden positive Verallgemeinerungen getroffen.)

A: Eine interessante Rede – einige Aspekte habe ich noch nie so gesehen. Über anderes werde ich noch nachdenken.

B: Sicher ist das Thema mit diesen Worten nicht abschließend beantwortet und sicher gibt es viele schwierige Probleme zu lösen. Aber sie lassen sich vielleicht aus diesem humanistischen Hintergrund heraus mit einer anderen inneren Haltung lösen.

A: Die Worte und Sichtweisen sind schließlich nicht Selbstzweck, sondern sie sollen Menschen befähigen ihr Leben zu meistern.

B: Als Einzelne und als Gemeinschaft.

A: Bloß mit den Kategorien komme ich noch durcheinander. Manches lässt sich auch mehrfach zuordnen, finde ich.

B: Da hast du Recht, tatsächlich überschneiden sich manche Kategorien, wenngleich jede ihre eigene Spezifität hat. Es kommt jedoch nicht darauf an, alles eindeutig einzusortieren, sondern sich eine Auswahl sprachlicher Bewegungsmöglichkeiten anzueignen. Welchen Namen diese dann haben, ist nur für Linguisten interessant.

A: Einige Möglichkeiten des Umdeutens werden sicher in mein Repertoire einfließen – und mir vielleicht auch helfen, das, was ich als richtig und wichtig empfinde, gegenüber anderen zu vertreten.

B: Lass uns zusammenfassen: Wir haben dargestellt, wie wir die Erfahrungswelt anderer Menschen erweitern können, indem wir neue Sichtweisen und Bedeutungen anregen.

A: Und wir wurden uns dabei auch der sprachlichen Werkzeuge bewusst, die Manipulatoren, Rechthaber und Verführer jeder Art einsetzen.

B: Dieses Wissen macht es uns zugleich möglich, uns vor ihnen zu schützen – und eine eigene Sicht der Dinge sprachlich darzustellen und zu vertreten.

A: Wenn wir wissen, dass viele Sichtweisen der Welt möglich sind, dann ist es natürlich auch eine schöne und friedenschaffende Aufgabe, andere nicht als Gegner, sondern als ergänzende Partner bei einer lohnenden Aufgabe zu betrachten: bei der Beschreibung des Lebens. Dadurch kommen wir vom „entweder – oder" zum „sowohl als auch" des Denkens.

B: Es geht nämlich letztlich nicht um das Widerlegen von anders Denkenden, sondern um das Erweitern unseres Bewusstseins durch neue Einsichten. Indem wir Aussagen auf ihre Funktion und ihren Gültigkeitsbereich hin untersuchen, verlieren sie den Charakter des Absoluten und beginnen ein wertvoller und verträglicher Teil unserer Erfahrung zu werden. So wie der Erfahrungsschatz der Kulturen und Religionen, der verschiedene Facetten des Menschseins widerspiegelt.

Alle Facetten haben das Potenzial sich zu einem Ganzen zu ergänzen. Dieses Potenzial zu verwirklichen liegt bei uns.

A: Das heißt auch, es gibt Gott und gleichzeitig gibt es ihn nicht.

B: Die Vernunft findet das paradox – aber die denkt auch nur an eine Welt.

5. Austausch von Ressourcen

A: Wenn ich an Situationen denke, in denen ich ein Problem hatte, nicht weiter wusste oder einfach nur traurig war, haben mir andere Menschen viel geholfen, indem sie mir zuhörten, mich fragten oder mir etwas dazu sagten. Als ob in mir Energiequellen geöffnet worden wären. Auch mir berichten oft Freunde, dass ich ihnen sehr geholfen habe, aber ich weiß meist gar nicht, wodurch und kann das auch nur schwer bewusst tun.

B: Jene Energiequellen, wir nennen sie auch Ressourcen, die wir uns wechselseitig öffnen, sind wahrscheinlich die wertvollsten Aspekte unserer großen und kleinen Beziehungen. Auf welche Art und Weise wir einander wohl tun können, ist sehr vielfältig. Vielleicht hilft es bereits sehr, jemandem zuzuhören, sodass er seine Thematik nicht innerlich allein erleben muss. Vielleicht ist es die Zuwendung, das Mitgefühl oder die Freundschaft, die wir dem Partner im Zusammensein geben, die ihm Sicherheit, Selbstwert und Mut verleihen. Oder sind es gezielte Fragen, die der Freundin helfen, ihre Gedanken zu ordnen, eigene Hintergründe zu erkennen, alles auf den Punkt zu bringen? Vielleicht sind es auch unsere Meinungen, die wir mitteilen, oder unsere Einsichten, Erfahrungen und Ideen, über die wir anderen neue Wege zeigen. Wir dienen einander als Ratgeber, aber auch als Modelle für andere Verhaltensweisen, lernen voneinander – und nicht nur durch Worte, sondern indem wir erleben, wie der andere mit den Dingen des Lebens umgeht. Erst wo die Worte mit dem Handeln eines Menschen übereinstimmen, können wir sie auch wirklich annehmen.

A: In unserem bisherigen Gespräch haben wir viele dieser Möglichkeiten ausführlicher besprochen: das klärende Hinterfragen, das Zuhören oder das Vermitteln neuer Sichtweisen. Die größte Bereicherung liegt offenbar im Zusammenspiel der verschiedenen Wege – gepaart mit Achtsamkeit.

B: Dennoch hat jeder Mensch seine natürliche Art, anderen gut zu tun. Mancher braucht dir bloß in die Augen zu schauen, ein anderer schweigt und berührt dich, andere hören dir zu, fragen oder sprechen in einer Art, die etwas auslöst. Keine Art ist besser oder schlechter als die andere. Allen gemeinsam aber scheint es zu sein, dass sie dich als Gegenüber wirklich wahrnehmen und eine positive Absicht für dich haben.

A: Manchmal hilft es mir besonders, wenn jemand ein Problem, das ich habe, selbst sehr gut kennt, es früher gemeistert hat oder ebenso wie ich noch nach einer Lösung sucht. Denn dann fühle ich mich einfach sehr verstanden und solidarisch, und diese Verbundenheit tut gut.

B: Das ermöglicht euch, eure Energien und Ideen zur Lösung des Problems zusammenzulegen, euch gemeinsam auf den Weg zu machen. Das Verbundenheitsgefühl mit Menschen, die das gleiche Defizit haben, kann aber auch eine Bremse darin sein, allein und aus eigener Kraft weiterzugehen. Denn wenn wir andere zurücklassen müssen, weil wir nur für uns selbst eine Lösung gefunden haben, fühlen wir uns vielleicht schuldig oder isoliert. Dabei kann das Beispiel, das wir setzen, letztendlich für alle sehr hilfreich sein – sie ermutigen und ihnen einen Weg zeigen. Solange die Verbundenheit in der gleichen Bedürftigkeit besteht, liegt ihre Kraft darin, gemeinsam Lösungen suchen zu können; wenn ein Partner bereits Lösungswege gefunden hat, geht es darum, voneinander zu lernen.

A: Jetzt fallen mir weitere Arten ein, durch welche wir füreinander Energiequellen sein können. Zum Beispiel, indem viele Dinge in der Gemeinschaft überhaupt erst möglich werden – oder zumindest mehr Spaß machen: Fußballspielen, Tanzen, Singen, Reden, Spielen, Arbeiten, Küssen, Lieben …

B: Ich denke auch an die vielen Geschenke des Lebens, die wir erst durch das Miteinander erhalten können: Etwas über sich selbst erfahren, von Wert sein für andere, einen Platz im Leben finden, Aufgaben und Herausforderungen meistern, Verantwortung übernehmen.

A: Doch manchmal ist es für mich sehr schön, allein zu sein, um zu meditieren, zu träumen, sich zu besinnen, ein Buch zu lesen – oder in stillen Kontakt mit der Natur zu treten.

B: Unsere Beziehungen sollten uns auch dafür Raum geben. Sie basieren nicht nur auf physischer Nähe, sondern wirken innerlich in uns weiter, auch wenn wir eigene Wege gehen. Ebenso können uns problematische Beziehungen, auch wenn wir allein sind, in unseren Gedanken und Gefühlen die Ruhe rauben. Dann ist es wichtig, sie zu klären oder neu zu bestimmen.

A: Ja, wenn es darum geht, dass etwas Wichtiges nicht ausgesprochen wurde oder dass ich einen Menschen in seiner Rolle nicht akzeptieren konnte, dass ich mich verletzt oder unbeachtet fühle. Oder dass Vorwürfe zwischen uns Mauern errichten.

B: Dann hilft es, zunächst innerlich mit der betreffenden Person zu sprechen, auszudrücken, was du wirklich sagen möchtest, zu hören, was der andere dir wirklich zu sagen hat. Du brauchst nicht zu mögen, wie ein anderer sich verhält, aber vielleicht kannst du hinter seinem Verhalten eine Bedürftigkeit oder eine gute Absicht erkennen, die es dir möglich macht, anders darauf zu reagieren. Vielleicht geht es auch darum, klar deine eigenen Grenzen zu definieren und auszudrücken, den angemessenen Abstand zu finden. Oder ganz einfach zu erkennen, was ihr euch geben könnt und was nicht. Jenes „was nicht" lohnt sich nun einmal nicht bei einem Partner zu suchen, der es einfach nicht hat – allenfalls könnt ihr euch gemeinsam auf den Weg machen es anderswo zu finden.

A: Hat mein innerer Dialog, in dem ich mit einem Menschen spreche, denn Auswirkungen auf die reale Beziehung?

B: Gern kannst du das ausprobieren – und vielleicht merkst du, dass ehrliche Worte, auch wenn sie innerlich gesprochen werden, die Tür für eine Veränderung der Beziehung öffnen. Ich habe irgendwann meinem Vater verziehen, was er mir so alles angetan hat, habe mir gesagt, dass es meine Aufgabe ist, das, was er mir nicht geben konnte, selbst im Leben zu lernen und zu verwirklichen. Habe erkannt, was er selbst suchte und brauchte. Und letztlich habe ich ihn als meinen Vater angenommen und ein Gefühl von Dankbarkeit und Verbundenheit empfunden. Gleichzeitig habe ich gespürt, wie ich plötzlich viel mehr Energie hatte, so als hätte auch er mir nun seine wirkliche Kraft zur

Verfügung gestellt. Mein Verhältnis zum realen Vater hat sich danach sehr geändert, ich bin ihm ganz anders begegnet, ohne Ansprüche und Vorwürfe – und merkte, dass wie durch ein Wunder auch er anders auf mich wirkte.

A: Ich würde das gern mit einem bestimmten Menschen tun, aber er hat mir zu sehr weh getan – und ich habe das Gefühl, er würde es wieder tun, wenn ich nicht den Abstand bewahrte.

B: Wir können erst vergeben, wenn uns ein anderer nicht mehr weh tut. Sei es, dass wir freier und stärker geworden sind, sei es, dass wir in der Erfüllung unserer Bedürfnisse nicht mehr davon abhängig sind, was dieser Mensch tut. Deshalb hat die Phase der Abgrenzung ebenso ihren Sinn. Sag, Annelie, was ist es, was du zuerst brauchst und für dich im Leben erreichen müsstest, bevor du diesem Menschen vergeben könntest.

A: Was ich bräuchte, ist die Sicherheit, dass ich liebenswert bin, auch wenn der Trottel es nicht bemerken konnte, dass er mich sozusagen verpasst hat, jetzt habe ich statt dessen immer noch das Gefühl, dass mit mir etwas nicht in Ordnung ist, denn er hat mich so viel kritisiert.

B: Und wenn du das wüsstest, dass du sehr liebenswert bist und völlig okay, wie könntest du ihn dann betrachten?

A: Als einen armen Kerl, der unter ziemlichem Druck steht, alles richtig zu machen und perfekt zu sein, weil er denkt, sonst ist er selbst nichts wert.

B: Deshalb konnte er dir die Anerkennung, die du dir wünschtest, wahrscheinlich nicht geben. Es ist sicher auch nicht deine Aufgabe, ihn von seinen Defiziten zu heilen. Aber vielleicht verliert sein Verhalten jenen Stachel, den es für dich hatte – und du kannst, was dich schmerzte, innerlich loslassen.

A: Bin ich denn wirklich liebenswert, Bernard?

B: Frag mal nach innen, Annelie, bist du es für dich selbst? Und bitte schau dir mal innerlich das kleine Mädchen an, das du einmal warst, das unsicher danach geforscht hat, was andere zu ihm sagten und über es wohl dachten.
Das Mädchen, das unter negativen Botschaften von anderen Menschen litt, die zu dieser Zeit leider ziemlich überfordert waren.

A: Meine Augen sind feucht geworden und ich habe sehr viel Mitgefühl und Liebe für dieses Mädchen.

B: Genau wie ich, denn ich weiß, dieses Mädchen ist in dir. Bitte Annelie, wenn du magst, nimm es doch einfach in den Arm und sage ihm, dass es sehr, sehr wertvoll ist ... und alles, was du ihm sagen möchtest.

A: Das tut dem kleinen Mädchen und mir sehr gut – und das Erstaunlichste ist: Jetzt merkt es auch meine Mutter, sie nimmt mich in die Arme und ich bin ihr so dankbar dafür.

B: Das ist eine wertvolle Erfahrung, durch die du innerlich eine Ressource wachsen lassen kannst, die dir in vielen späteren Beziehungen emotionale Sicherheit und Selbstwert verleiht – auch wenn andere Menschen manchmal unvollkommen und blind sind. Und es hilft dir, jene zu finden, die dir in einer Art begegnen, die dich fördert. Mit jeder positiven Erfahrung, die du dadurch machst, wird diese Ressource wachsen.

A: Es hilft mir auch, andere zu fördern, die jene Zuwendung und Anerkennung brauchen.

B: Doch fürs Erste, Annelie, genieße es, selbst etwas zu bekommen. Denn erst, wenn eigener Vorrat da ist, kannst du ihn auch verschenken.

A: Ich glaube, das gilt für alles, was Menschen einander zu geben haben. Sie müssen es erst einmal erhalten oder in sich besitzen, um es weitergeben zu können.

B: Und wir alle tragen schon viele Schätze in uns – sodass genug da ist, auf allen möglichen Gebieten in Austausch zu treten. Da sind Fähigkeiten, die es auszutauschen gilt, da ist Zuwendung, da ist Erfahrung, da ist Kraft, Schönheit, ebenso wie Reife und Sensibilität. Und da sind auch Geld und Gut, die in geschäftlichen Beziehungen durchaus berechtigte Rollen einnehmen.

A: Ich denke gerade daran, was Menschen verschiedener Kulturen einander an Bereicherung geben könnten, auch Arme und Reiche, was sie voneinander lernen und aneinander entdecken könnten. Auch zwischen Ost und West wäre da nach der Wende viel mehr möglich gewesen, als realisiert wurde.

B: Ja, Austausch erfordert Offenheit in beide Richtungen, erfordert Ebenbürtigkeit, nicht nur einen Fluss in eine Richtung, nicht falschen Stolz oder alleiniges Verlangen. Niemand fängt bei null an, was entstanden ist, hat bereits seinen Wert und kann nur erweitert werden. Jedes erlernte Verhalten hatte in einem bestimmten Zusammenhang einen Sinn. Leider aber, liebe Annelie, sind wir oft blind für das, was wir einander zu geben hätten, lehnen es ab, weil es uns verboten erscheint und weil wir uns manche Erfüllung selbst nicht erlauben wollen. Schließlich sind wir wohl erzogen und haben das Leben so eingerichtet, dass es gut funktioniert. Die Sehnsucht nach manch Andersartigem haben wir unterdrückt, das war nicht leicht – und deshalb unterdrücken wir das Andersartige auch, wenn wir es außen sehen: in anderen Menschen.

A: Manche wollen es sogar beseitigen nur um eine vielleicht schmerzhafte oder unerlaubte eigene Bedürftigkeit zu unterdrücken.

B: Schon Bedürftigkeit gehört ja in unserer Gesellschaft zu den Tabus, denn wir würden ja schwach erscheinen. Nur Therapeuten gegenüber ist das erlaubt.

A: Ich entscheide mich jedenfalls für den Weg der Offenheit und lasse meine wirklichen Sehnsüchte zu. Es wär' doch schade d'rum – das Leben ist zu kurz, um nur in festen Rollen zu bleiben. Und ich weiß, dass emotionale Bedürftigkeit nicht durch materielle Sicherheit aufgewogen werden kann.

B: Im Austausch kommt es darauf an, dass beide Seiten das erhalten, was sie auch wirklich suchen. Wir bekommen nie genug von dem, was uns nicht wirklich nährt oder was wir nicht wirklich wollen. Denn da es nicht zur Sättigung kommt, nehmen wir mehr und mehr, werden dabei aber hungriger und hungriger … und nehmen noch mehr …

A: So entstehen Abhängigkeiten und Süchte, kann ich mir vorstellen.

B: So ist es, ich habe es gerade erlebt, als ich mit dem Computer arbeitete und er wieder einmal nicht richtig funktionierte. Je mehr ich probierte, umso verfahrener wurde es. Von Befriedigung keine Spur, aber je weniger es klappte, desto verbissener hing ich jede Nacht vor dem Gerät. Es war ein Suchtzustand, denn meine Partnerin und alles andere war plötzlich unwichtig geworden und meine Müdigkeitssignale bemerkte ich nicht mehr … erst als sie schließlich kam, mich bei der Hand nahm und wegzog, kam ich los. Und dann erlaubte ich mir, die Sache mit Abstand zu betrachten, während ich ganz andere Dinge tat.
Und siehe da, nach einigen Tagen kam ich auf die Idee, dass der Druckertreiber offenbar nicht die neueste Version sein konnte, bestellte einen neuen Treiber – und es funktionierte.

A: Abhängigkeit macht blind, Eifersucht ist ja auch eine Form der Sucht. Das kenne ich gut und ich weiß, dass ich das Glück in diesem Zustand nicht gerade dort suche, wo es auch zu finden ist. Vielleicht liegt es sogar in mir!

B: Häufig ist allein diese Einsicht alles, was wir brauchen, um unser Verhalten zu ändern. Manchmal ist mehr nötig, ein anderer Mensch oder professionelle Beratung und Therapie.

6. Therapeutische Arbeitsweise

A: Sag mal Bernard, wie machst du es, jene Erfahrungen anzusprechen, die einem anderen Menschen auch helfen. Zum Beispiel im Bereich der Beratung. Ich habe das in vielen deiner Beispiele bemerkt.

B: Als erstes, Annelie, kann ich das auch nur, wenn ich selbst nicht auf dem gleichen Gebiet große Defizite oder Bedürftigkeiten habe. Deshalb ist das eigene Lernen und die Arbeit an mir selbst eine wichtige Voraussetzung. Dann frage ich mich, welche Erfahrung wohl ein Mensch benötigt, um selbst neue Möglichkeiten für sein Leben zu finden. Und in welcher Art ich sie vermitteln kann. Denn manchmal ist die Art der Vermittlung von entscheidendem Einfluss. Sie sollte in sich eine Energiequelle sein.

A: Du meinst, wenn jemand darunter leidet, dass ihn alle Leute zu viel fragen, wirst du ihn nicht unbedingt auch mit Fragen traktieren.

B: Genau. Und wenn jemand darunter leidet, dass die Umwelt so kühl und distanziert ist, werde ich Anteilnahme und Wärme zeigen, jedoch nur, wenn ich sie auch wirklich empfinden kann. Wenn ein anderer sich gehetzt fühlt, werde ich mir Zeit für ihn nehmen, wenn eine Frau negative Erfahrungen mit Männern hat, werde ich als Mann danach fragen, ob sie meine Unterstützung dennoch annehmen kann.

A: Und wenn jemand dich absolut nicht mag – du ihm aber dennoch helfen möchtest?

B: Das ist schwer, zumal dieser Mensch wohl kaum direkt zu mir kommen wird. Generell, besonders aber in diesem Fall, kommt es darauf an, von der betreffenden Person nicht emotional abhängig zu sein – das heißt, es ist notwendig, dass ich meinen Selbstwert, meine Sicherheit und mein Wohlergehen innerlich und aus anderen Lebensbereichen beziehe. Dass aber die betreffende Person mich nicht mag, ist bereits eine wichtige Information. Ich reflektiere sie, um herauszufinden, welche Erfahrungen diese Person wohl gemacht hat, was wohl in meinem Verhalten diese Reaktionen auslöst, was wir ineinander sehen, in uns hineinprojizieren und was davon überprüft ist. Und eben dies bemühe ich mich offen anzusprechen. Wenn es geklärt werden kann, entsteht oft bereits eine wesentliche Veränderung – indem ich für den anderen zu einer positiven Erfahrung werde, relativiert er auch seine bisher vorherrschenden negativen Verallgemeinerungen und lernt Neues.

A: Und wenn die Beziehung und der Stil wirklich stimmen – wovon sprichst du dann?

B: Bevor ich allzu viel spreche, bemühe ich mich zu verstehen, stelle Fragen, suche nach geistigen Mustern, Überzeugungen oder Erfahrungen, die meinen Partner in bestimmten Lebensbereichen behindern können.
Dabei sinne ich nach, durch welche Erfahrungen sich diese behindernden Muster verändern würden. Sind es neue Gedanken, ist es eine positive Erfahrung in unserer Beziehung im Hier und Jetzt, ist es das Aufsuchen früherer Erlebnisse und ihre Neubewertung, sind es andere, positive Erlebnisse aus der eigenen Erfahrungswelt des Klienten? Oder kommen diese Erfahrungen aus der Welt der Phantasie oder der Metapher?

Was ich herausfinde, teste ich, indem ich es kurz ausprobiere, in seiner positiven Wirkung. Vielleicht entdecke ich dabei, dass eine fruchtbare Kommunikation noch an andere Voraussetzungen gebunden ist: Dass wir mehr Zeit brauchen, um Vertrauen aufzubauen, dass es sinnvoll ist, den Klienten in einen Zustand tiefer Entspannung zu führen oder dass noch wichtige Informationen fehlen.
Nach dieser Vorarbeit führe ich den Partner regelrecht in seine eingrenzende Erfahrungswelt und lasse ihn diese Muster noch einmal erleben, jedoch nur so stark wie nötig, um sich ihrer noch einmal bewusst zu werden. Ich kann die Intensität regulieren, indem ich den Klienten bitte, die Dinge seines Lebens aus einem angemessenen Abstand heraus zu betrachten, sich dabei sicher und wohl behütet auf dem Stuhl in meiner Praxis zu wissen. Wer aber von Natur aus alles aus zu großem Abstand betrachtet, den lasse ich die Erfahrungen intensiver und deutlicher durchleben.
Dabei kommen auch bisher unterdrückte Gefühle von Hilflosigkeit, Trauer oder Ärger auf – manchmal ist es sehr wichtig, sie zu zeigen, reinigende und lösende Tränen zu weinen oder laut auszudrücken, was bisher heruntergeschluckt wurde. Es kann sein, dass darin bereits eine Lösung liegt.
In jedem Fall geht es nun darum, neue Erkenntnisse und Erfahrungen zu vermitteln, etwas aus anderen Perspektiven zu erleben und Ressourcen zu finden. Dies kann so etwas sein wie die Begegnung mit deinem inneren Kind, welche wir vorhin erlebten, es kann eine Märchengeschichte sein oder die Besinnung auf Energiequellen, Fähigkeiten und Erfahrungen, die der Klient in ganz anderen Lebensbereichen und zu ganz anderen Zeiten in sich hat.
Ich führe ihn ganz in diese positiven Erfahrungen hinein, lasse ihn alles Wertvolle daran erleben und bitte ihn diese Ressourcen zur Relativierung und Veränderung der einschränkenden Erfahrung heranzuziehen und zu nutzen. Manchmal geht es auch darum, anderen beteiligten Personen aus der Erfahrungswelt des Klienten solche Ressourcen zu vermitteln.

A: Das klingt schon in der Beschreibung nicht leicht – und ich stelle mir vor, dass in der Praxis weit mehr dazu gehört. Woher weißt du eigentlich, welche Zustände ein Klient jeweils gerade erlebt und wie die Verknüpfung der Ressourcen mit den Defiziten gelingt?

B: Im therapeutischen Bereich des nlp gibt es diesen Weg: Die ganze Zeit über nehme ich sehr genau jede Reaktion meines Klienten wahr, lerne, welche Körperhaltung, Atmung, welcher Gesichtsausdruck, welche Augenbewegung mit welchem inneren Zustand verbunden ist. Erst, wenn diese Signale sich wiederholen, kann ich davon ausgehen, dass er sich innerlich wieder in demselben Zustand befindet wie zuvor. Mit diesen Anhaltspunkten bitte ich nun den Klienten, mehrfach sowohl in eine Defizit- als auch in eine Ressourceerfahrung hinein- und wieder herauszugehen. Dabei unterstütze ich ihn mithilfe der Sprache, aber auch über zusätzliche Signale, so genannte Anker, die ich in Verbindung mit jedem Zustand auslöse. Das kann der Klang meiner Stimme sein, eine Berührung oder eine Geste. Nachdem der Klient auf diese Art sowohl die defizitäre Erfahrung als auch die Ressourceerfahrung nacheinander und abwechselnd erleben konnte, bitte ich ihn in der Integrationsphase, beide Erfahrungen gemeinsam zu erleben und löse die unterschiedlichen Signale, die ihnen zugeordnet sind, gleichzeitig aus. Das kann zunächst zu Verwirrung oder einer Phase der Neuorientierung führen, doch danach erlebt der Klient die bisherigen Schwierigkeiten kraft der Ressource auf neue Art – und weiß: So also kann es sein. Ich bemerke in seinem Ausdruck etwas Neues, das die Merkmale der beiden bisher getrennten Zustände harmonisch verbindet.

A: Diese Ressourceerfahrungen, in denen unsere Energiequellen schlummern, können sicher auch symbolhaften Charakter haben.

B: Ja, viele der im nächsten Hauptteil besprochenen Metaphern und Sinnbilder gehören dazu, zum Beispiel die Besinnung auf einen Baum, einen Fluss, auf alles, was die Natur uns zeigt und lehrt. Auch Farben und Licht oder Musik spielen eine große Rolle. Sie sind so etwas wie natürliche Auslöser, also Anker für energiereiche Zustände. Manchmal tut es sehr gut, eine schwierige Situation innerlich in heilendes Licht zu tauchen, einen weisen alten Mann zu befragen oder aus einer belebenden Quelle zu schöpfen. Unsere tiefsten und kraftvollsten Zustände, oft sind es spirituelle Erfahrungen, erleben wir meist in symbolhafter Form – und die ist von äußeren Bedingungen weit unabhängiger und stabiler als eine konkrete Darstellung. Manchmal lasse ich den Klienten auch einfach selbst in seinem Unbewussten nach der geeigneten Ressourceerfahrung suchen und begleite ihn mittels einer hypnotischen Sprache in einem entspannten Zustand durch die innere Welt.

Ganz andere Wege können Körpertherapeuten gehen, indem sie einem Klienten auch körperlich solche Bezugserfahrungen vermitteln, die ihm eine neue Quelle von Energie sind – bis in die Tiefen der Muskulatur.

In anderen Bereichen leisten Kunst, jede Art von Ausdrucksimprovisation oder auch Sport Ähnliches. – Solange sie in diesem Bewusstsein genutzt werden.

A: Für mich ist das Symbol eines Kelches eine besonders wichtige Kraftquelle. Sogar wenn ich Tulpen sehe, wird diese Energie in mir wach – jetzt verstehe ich, was Anker sind. Kann es sein, dass ich in einem früheren Leben ein Ritter am Hof von König Artus war?

B: Warum nicht. Ich glaube zwar nicht, dass es sich hier um Wahrheit im üblichen Sinne handelt, aber ich weiß, dass unser Geist im Positiven wie im Negativen viele Erfahrungen hervorbringt, die wir so deuten und auch für unser Leben nutzen können. Und diese Erfahrungen machen Sinn.

A: Wenn wir innerlich Ressourceerfahrungen wiedergewinnen, sind häufig noch nicht alle Probleme gelöst, denn schließlich haben wir uns ja das Leben vorher manchmal recht schwierig eingerichtet.

B: Das ist sozusagen unser Karma aus diesem Leben, also von gestern und vorgestern. Und es kostet sicherlich Mühe, was wir eingerichtet haben, zu verändern. Aber es ist möglich, indem wir unsere Aufmerksamkeit auf die neuen Wege lenken.

Nachdem ich in der beschriebenen Form mit einem Klienten gearbeitet habe, überprüfe ich, ob ihm die neue Erlebnisweise gut getan hat. Ich hinterfrage, was sich innerlich verändert hat, welche Auswirkungen es nach sich zieht oder ob noch etwas anderes erforderlich ist. Wir nennen dies den Ökologie-Test. Später beginnen wir gemeinsam damit, den Weg in die Zukunft anzuschauen. Gehen und meistern muss ihn der Klient selbst. Es gibt keine Veränderung aus der Dose. Denn erst, was sich auch in einer Änderung der Gestaltung des Lebens ausdrückt, hat meiner Erfahrung nach wirklich Bestand. Hier liegt der Prüfstein. Was sich bewährt, wird beibehalten, was nicht ausreicht, muss verstärkt werden, was fehl am Platze war, muss erneut verändert werden.

A: Ich weiß, dass ich nicht in dieser Weise professionell arbeiten werde, aber vieles von den Ideen hilft mir auch im privaten Bereich, wenn ich Freunden zu mehr Lebensenergie, Mut und neuen Ideen verhelfen möchte. Und sogar mir selbst.
Zum Beispiel kann ich die kraftvolle Energie, die ich habe, sobald ich an jenes innere Kind denke, sehr gut nutzen, wenn ich von innen heraus im Gleichgewicht sein will, auch wenn andere es nicht sind. Und die Kraft, die ich habe, wenn ich tanze und springe, hilft mir auch im Studium, genau an der richtigen Stelle da zu sein und sogar spielerisch meine Arbeit zu meistern. Traumatische Erfahrungen und richtige Therapie aber überlasse ich den Profis.

B: Und dafür danke ich dir.

METAPHERN

Milton-Modell

Hypnotische Muster

Geschichten

Angleichen und Führen

UNBEWUSSTES

Teil III: Sprache und Sinn

1. Einleitung

A: Es gibt Menschen, bei deren Ausdrucksweise ich innerlich sehr gut mitgehen kann und dabei eigene innere Erfahrungen und Vorstellungen verarbeite, von denen die Sprecher gar nichts zu wissen brauchen.
Es geht mir dann auch nicht darum, alles genau zu hinterfragen. Ich genieße es einfach zuzuhören, und was sie sagen ergibt Sinn für mich. Auch dann, wenn sie sich sehr allgemein ausdrücken.

B: Menschen, die so sprechen, können häufig einer ganzen Gemeinschaft von Zuhörern etwas vermitteln.
Andere sind Therapeuten und sprechen zum Inneren eines Klienten um dort neue Vorstellungen und innere Prozesse zu unterstützen. Auch der Bereich der Phantasiereisen gehört dazu.
Und natürlich verwenden auch Pastoren, Politiker, Verkäufer oder Schlagersänger eine Form der Sprache, welche die Vorstellungskraft möglichst vieler Menschen erreichen soll.

2. Unspezifischer Ausdruck

A: Was ist all diesen Sprachformen gemeinsam, was ist das Geheimnis hinter dieser Art zu sprechen?

B: Sie konzentrieren sich zuerst auf das, was von dem Zuhörer oder dem Auditorium nacherlebt werden kann.

> *Du sitzt hier, wir sind zusammengekommen, um über die Sprache zu sprechen. Es ist interessant, sich manchmal diese Zeit zu nehmen. Es gibt vieles, worauf wir dabei aufmerksam werden. Vielleicht wie bei einer Entdeckungsreise.*

A: Ja, kann ich gut annehmen, hat alles gestimmt und gibt mir ein gutes, bestätigendes Gefühl.

B: Die Worte, die wir hier verwenden, du hast es sicher erkannt, sind allgemein und unspezifisch. So allgemein, dass deine Vorstellungskraft oder deine Erinnerung angeregt wird und du, ohne Fragen zu stellen, die allgemeinen Worte mit deinem konkreten Inhalt ergänzt.

A: Das war leicht, weil ja alles gerade erst passiert ist und zutrifft. Nur jener Ausdruck „Es gibt vieles, worauf wir dabei aufmerksam werden" – da hatte ich ganz eigene Dinge, an die ich dachte. Deine Worte waren angenehm, es gibt aber auch Menschen, die sehr allgemein sprechen, mich aber kalt lassen, sogar Ablehnung auslösen.

B: Gut, dass du diesen Unterschied wahrnimmst, denn die Worte sind auch hier nicht allein. Vielleicht kennst du andererseits auch Menschen, die eine tiefe und echte Botschaft zu verkünden hatten.

A: Ja, die haben irgendwie von innen heraus gesprochen, die Worte kamen vom Herzen – und das war spürbar für alle, die sie hörten.

B: Viele Menschen sind hierfür im positiven Sinne berühmt geworden, seien es Freiheitskämpfer wie Martin Luther King, Nelson Mandela, der Dalai Lama, Politiker wie vielleicht Richard von Weizsäcker – oder berühmte Therapeuten wie der Hypnotherapeut Milton Erickson.

A: Aber ich kenne auch die großen und kleinen Verführer. Und lerne zu unterscheiden.

3. Hypnotischer Sprachgebrauch

A: Ich möchte lernen die Sprache so zu nutzen, dass ich andere Menschen durch innere Lernprozesse führen kann.

B: Das geht nicht von heute auf morgen. Doch die Grundprinzipien kannst du hier kennen lernen. Dazu gehört das Sprachmodell nach Milton Erickson, einem legendären Hypnotherapeuten.

A: Vorher haben wir das Meta-Modell kennen gelernt. Es ging darum, genaue, konkrete Inhalte aus dem, was gesprochen wurde, herauszuarbeiten.

B: Da waren wir Fragesteller, wollten nicht auf phantasierte Interpretationen angewiesen sein, sondern die fehlenden Informationen vom Gesprächspartner einholen.

A: Ich weiß noch: was genau, wie genau, woher weißt du das, was hindert dich usw.

B: Ja, es ging darum, möglichst wenig hinzuzufügen oder zu interpretieren. Diesmal ist es unser Anliegen, so zu sprechen, dass die Worte für die Zuhörer einen ganz persönlichen Sinn machen, damit diese gar nicht nachzufragen brauchen. Wir wollen, dass sie die Worte mit Inhalten aus ihrer eigenen Erfahrungswelt oder Phantasie füllen, mit eigenen Bezugserfahrungen.

A: Also Vorstellungen anregen, die Sinn ergeben, aber von Mensch zu Mensch sehr individuell sein können.

B: Ja, und auf diese Weise wollen wir Menschen durch individuelle Lernprozesse führen.

> *Während du mir jetzt zuhörst, hat vielleicht ein innerer Teil von dir schon mehr verstanden als deine Vernunft.*
> *Denn wir lernen auf vielerlei Wegen.*
> *Und dein Inneres kann dir hierbei all das unbewusste Wissen und all deine Erfahrungen genau in der Art zur Verfügung stellen, die gut für dich ist.*

Wenn wir so sprechen, dann bleiben wir nur in jenen Bereichen konkret, die uns bekannt sind, darüber hinaus aber sprechen wir in Verallgemeinerungen, Tilgungen und Vermutungen.

> *Du weißt, was das Thema unseres Gespräches ist.*
> *Du kannst meine Worte gut verstehen.*
> *Die Temperatur hier ist angenehm.*
> *Und gleichzeitig weißt du, dass etwas in dir auf seine ganz eigene Art sehr viel lernt. Nicht nur von außen, sondern auch von innen.*

A: Mein Inneres sieht gerade einen Zusammenhang: Können wir das Milton-Modell als Umkehrung des Meta-Modells auffassen?

B: So ist es. Alles, was wir dort gelernt haben, begegnet uns jetzt in anderer Form wieder. Wenn wir im Milton-Modell sprechen, kommt es darauf an, dass wir unsere Zuhörer schrittweise führen. Wir gleichen uns zunächst sprachlich an die Erlebniswelt und den Zustand der Hörer an, bevor wir einen weiteren Schritt gehen. So ermöglichen wir Kontakt und Vertrauen.

A: Da ich als Zuhörerin gar nicht sprechen möchte, sondern nur alles innerlich nachvollziehen, ist es für mich wichtig zu wissen, dass du trotzdem auf mein inneres Erleben reagierst, mich wahrnimmst und achtest.

Ich habe gesehen, dass du mich jetzt anlächelst. Vielleicht ist das ein Gruß von jenem inneren Teil – und ich bedanke mich. Und jetzt verabschiede ich mich von ihm, denn alles Weitere wird ganz natürlich und von selbst geschehen.

A: Das war eine schöne Kombination aus Vernunft und Nicht-Vernunft. Ich habe wirklich das Gefühl, dass ich sehr viel intuitives Wissen habe, durch das ich mehr lerne, als mir gerade bewusst ist – und auch mehr, als du gerade sagst.

Jetzt möchte ich etwas für mein Bewusstes tun und noch weitere Beispiele hören, am besten etwas, das ich distanziert höre, damit ich die Struktur dahinter besser verstehe.

B: Gern, das nächste Beispiel eignet sich sehr gut zur Distanz. Es ist nicht gerade nachahmenswert, aber es zeigt das wahre Leben – eine politische Rede.
Um die Beziehung zum Meta-Modell zu verdeutlichen, bitte ich dich, Annelie, wichtige Publikumsfragen in die nachfolgende Ansprache einzubauen, Fragen, die früher (leider) viel zu selten gestellt wurden.

A: Unerwünschte Zwischenfragen stelle ich immer gern. Du kannst sie mitten in die Rede schreiben. Ich werde sogar dazusagen, welche Meta-Modell-Kategorie ich jeweils hinterfrage.

B: Dies ist die politische Tischrede des Vorsitzenden der neuen Partei APV, Allgemeine Positions Vertretung. Ort der Handlung: weit im Westen der USA.

Liebe Freunde!

Wir haben uns heute hier in diesem wunderschönen Saal versammelt, und Sie sehen mich hier vor Ihnen stehen.

A: Vorannahme: Sind wir Freunde? Im Übrigen wird das gegenwärtige Erleben angesprochen: Erlebnislesen also.

Sie fragen sich vielleicht, wie soll es weitergehen in diesem unserem Lande? Ihre Sorgen über das, was Sie täglich mit ansehen müssen, wenn Sie nur das Fernsehgerät einschalten, Ihre Sorgen und Ihr Verantwortungsgefühl haben Sie hierher gebracht, haben uns zusammengebracht. Ich bin sicher, dass Sie an unsere gemeinsame Zukunft denken und sich fragen: Wohin?

A: Viel Gedankenlesen: Woher weißt du eigentlich, was wir uns fragen und denken, und was uns hierher – und keinesfalls zusammen – gebracht hat?

Allein, dass Sie jetzt hier sind und mir zuhören, beweist aber, dass unser Land noch hoffen kann, beweist, dass es noch Männer, Verzeihung, Frauen und Männer gibt, die weiterdenken.

A: Bedeutungsgeben: Wie kommst du darauf, dass unser Hiersein dies beweist? Tilgungen: Worauf kann unser Land hoffen, in welche Richtung, glaubst du, denken wir weiter?

Und dass ich jetzt zu Ihnen spreche, zeigt Ihnen, dass da ein Mann ist, der sich Gedanken gemacht hat, genau wie Sie. Der gelitten hat, genau wie Sie. Der aber darüber hinausgegangen ist, genau wie Sie darüber hinausgehen werden.

A: Bedeutungsgeben: Dass, und vor allen Dingen wie du zu uns sprichst, zeigt uns etwas ganz anderes. Gedankenlesen: Wie kommst du auf die unterstellten Ähnlichkeiten zwischen deinen Aussagen über dein Leben und unserem Lebensweg?

Denn, meine Freunde, wenn wir noch länger zögern, dann kommt unsere Stimme zu spät, dann vergehen die nächsten Wahlen ohne uns und wenn das geschieht, dann vergeht auch unser Land. Wenn wir uns aber auf unsere Kraft besinnen, dann können wir etwas ändern.

A: Tilgungen: Zögern womit? Zu spät wofür? Ursache – Wirkung: Wie kann unser Zögern solche Wirkungen nach sich ziehen? Unspezifische Worte: Auf welche Art vergeht wohl unser Land? Was genau können wir wie ändern?

Ganz gleich, auf welche Art wir das meistern, ob wir gleich oder erst morgen jene Erklärung verabschieden, wie auch immer wir unsere Einigkeit zum Ausdruck bringen werden.

A: Unspezifische Worte: Was meistern? Vorannahmen: Woher weißt du, dass wir heute, morgen oder überhaupt dieses Etwas meistern, dass wir jemals eine Erklärung verabschieden, dass wir einig sind?

Es ist gut, dass wir zusammengekommen sind.

A: Allgemeinplatz: Für wen ist es gut und wofür? Woher weißt du das?

So viele engagierte und begeisterungsfähige Menschen.
Jeder hier ist an der richtigen Stelle, jedes Wort ist hier Wahrheit.

A: Universalbegriffe: Sind wir alle gleich? Jeder? Absolut jedes Wort ist Wahrheit? Unspezifische Worte: Was meinst du mit „richtiger Stelle“? Vorannahme: Wie kommst du drauf?

Wir können und dürfen nicht länger zögern, wir haben die Kraft, die Zukunft zu gestalten – wir müssen unsere kleinen Bedenken überwinden.

A: Möglichkeit, Unmöglichkeit: Was hindert uns, dir gegenüber zu zögern? Was würde passieren, wenn wir unsere Bedenken dir gegenüber verstärken? Vorannahme: Wie kommst du darauf, dass wir, noch dazu mit dir, die Kraft haben? Unspezifische Worte: Was soll zukünftig wie gestaltet werden?

Alles wird gut, wir kennen den Weg.

A: Universalbegriffe: Alles? Vorannahme: Woher weißt du das? Nominalisierung: Welcher Weg und wohin soll er gehen?

Vertrauen ist der Schlüssel.

A: Nominalisierungen: Vertrauen in was, Schlüssel wofür und in wessen Händen?

Ich erkläre Ihnen jetzt die Zusammenhänge, die nur wir erkannt haben: Die Wachstumskorrelation korrespondiert mit der Insuffizienz herkömmlicher Systemkomponenten intrazirkulär. Die Regenerationsschwelle ist bereits überschritten. Wenn wir jetzt die Kulminationssubstanz intrapolieren, dann erreichen wir Interferenz.

A: Viele Nominalisierungen: Was bedeutet jedes einzelne Wort für dich, welche Prozesse beschreibst du damit?

Deshalb, und ich sehe, dass Sie mich alle verstehen, wird es besser werden – mit uns – es wird sich entwickeln – mit uns.

A: Ursache – Wirkung: Wie kommst du darauf? Unspezifischer Satzteil: Was wird besser? Und wer verbirgt sich hinter dem Wort „uns“?

Einige Dinge in diesem Land, Sie verstehen, werden sich ändern.

A: Unspezifische Satzteile: Welche Dinge genau? Unspezifische Verben: Auf welche Art ändern?

Lasst uns anfangen …

A: Reine Tilgung: Womit?

Weiter … besser … und vor allen Dingen freier soll es werden …

A: Tilgung des Vergleichs: Weiter … besser … freier als wer oder was – und für wen?

Und ich bitte Sie: Denken Sie an unser Land, so wie Sie es sich wirklich wünschen, wie es gedeiht und blüht.

A: Anweisung: Müssen wir das? Wir denken lieber über dich nach.

Und ich frage Sie, bitte schauen Sie mir dabei in die Augen:
Wollen Sie, dass unser Land so wird?

A: *Unspezifische Worte: Wie genau? Und wenn deine Augen gemeint sind, ist die Antwort nein, denn wir würden dem Land gern viele andere Farben wünschen.*

Ich danke für Ihr Vertrauen.

A: *Gedankenlesen: Woher weißt du, dass wir ausgerechnet dir vertrauen? Unausgesprochene Vorannahme: Wie kommst du darauf, dass unsere und deine Vorstellungen etwas miteinander gemein haben?*

B: Danke, Annelie. Das war eine interessante, wenn auch nicht allzu nachahmenswerte politische Form des Gebrauchs hypnotischer Sprachmuster – und der Weg, sie durch Fragen aufzulösen.

4. Das Milton-Sprachmodell

A: Jetzt möchte ich aber etwas Wohltuendes hören.

B: Lass uns die Sprache für genau diesen Zweck nutzen. Schritt für Schritt.
Wir wollen dabei zugleich das Hypnosemodell nach Milton Erickson besser kennen lernen. Es beschreibt die Struktur des hypnotischen Sprechens. Mit hypnotisch meine ich hier eine Wirkung, wodurch der Zustand des Hörers so verändert wird, dass ihm ein Zugang zu eigenen unbewussten Erfahrungen und verborgenem Wissen möglich wird – jenseits des Alltagsbewusstseins.
Es geht in der Praxis zumeist darum, dem Hörer oder der Hörerin Entspannung und Regeneration zu ermöglichen. Doch das ist nur ein Anfang, sinnvolle Lernprozesse sind die Fortsetzung.
Zuerst spreche ich nun für dich, Annelie, und unsere Leser, den Text einer kleinen Entspannungsreise, die aber vielleicht bereits mehr als das ist. Später werden wir diesen Text wiederholen, uns dann aber die verwendeten Sprachmuster bewusst machen.

A: Ich bin bereit, du kannst beginnen.

B: *Du hast dir die Zeit genommen zuzuhören, hier, an diesem Ort. Du weißt, welcher Tag heute ist und welche Tageszeit.*
Du siehst, was dich in deiner Umgebung umgibt.
Du hörst meine Stimme.
Es kann sein, dass der eine oder andere Gedanke dich begleitet.
Wir sind hier zusammengekommen, um gemeinsam einen Weg zu gehen. Vielleicht spürst du, wie sich dein Körper anfühlt. Und auch, wie dein Atem geht. Während du weiter meine Stimme hörst und deinen Atem wahrnimmst, hast du möglicherweise auch Lust, dich ein wenig bequemer hinzusetzen oder auszustrecken.
Und vielleicht tut es dir gut, dich auf diese Weise zu entspannen.
Dabei kannst du spüren, wie dein Körper Kontakt mit der Sitzfläche oder mit der Unterlage hat.
Kannst wahrnehmen, welche Temperatur dich umgibt.
Nur du weißt, wie sich das anfühlt und ob es einen Bereich deines Körpers gibt, der noch ein wenig mehr Raum einnehmen möchte.
Es ist gut, all deinen Empfindungen eine sanfte Aufmerksamkeit zu schenken. Denn das bedeutet, dass sie wertvoll für dich sind und ein freundliches Vertrauen zwischen deinem Geist und deinen Empfindungen wächst.
Dabei brauchst du gar nichts zu tun als einfach nur wahrzunehmen, was in dir ist. Denn so kann es dir noch viel leichter fallen, dich zu entspannen.
Ganz gleich, welche Art der Entspannung für dich die sinnvollste ist, kannst du dir erlauben diesen Weg lächelnd zu gehen.

Und fortfahren zu entdecken, wie Lächeln ein natürlicher Zustand deines Wesens sein darf. Wie irgendwann auch früher.
Während meine Stimme dich immer weiter dabei begleitet …
Und jeder Atemzug nährt dich auf deinem Weg zu deiner Mitte, dort, wo du mit dir im Einklang bist.
Vielleicht fühlst du dich jetzt irgendwie anders – und das ist ein gutes Zeichen, denn immer, wenn wir auf dem Weg zu unseren Quellen sind, verändert sich die Landschaft.
Vielleicht wird dein Atem dabei tiefer, dein Körper freier oder dein Geist offener. Manchmal geschehen Dinge miteinander.
Jede Zelle deines Körpers ist eingeladen dabei zu sein – denn gar nicht so weit entfernt gibt es jenen Ort, der sie alle erwartet. Gerade heute. Denn etwas in dir hat sich oft gewünscht, dich an diesen Ort zu führen. Und ich frage mich, ob du in deinem Inneren das heute wohl erlaubst …
Weiter spürst du deinen Atem. Jeder Atemzug ist ein behutsamer Schritt zu dieser Quelle. Mit jedem Einatmen nimmst du frische Energie auf und gibst, was du nicht mehr brauchst, beim Ausatmen ab.
Du kannst dabei immer mehr loslassen, zulassen, weiter-, näher kommen. Wissen, dass du hier sicher und geschützt bist – und die Vorboten der Quelle wahrnehmen, vielleicht ein Symbol oder den Klang von Wasser oder eine Farbe.
Du darfst einfach dein Inneres bitten dir zu zeigen, was es dir zeigen möchte.
Es ist gut, von innen zu empfangen. Von dort kommt das Vertrauteste.
Wie ein alter Freund oder eine alte Freundin ist das Innere für uns.
So reift für dich die Zeit anzukommen an diesem Ort, in Kontakt zu treten mit jener Quelle, in welcher Form auch immer du ihr begegnen möchtest. Alles, was du dazu brauchst, ist ein Ja zu dir, zu deinem Wesen und wenn du dieses Ja innerlich spürst, kommst du an.
(Längere Pause)

Du kannst aufnehmen, was für dich da ist.
Ist da ein besonderes Wasser? Ein Symbol oder ein Licht?
Oder ganz etwas anderes?
Möglicherweise gibt es hier auch Klänge.
(Pause)

Und alles, was es zu tun gibt, ist einfach nur aufnehmen.
Jede Zelle deines Körpers darf sich regenerieren. Dir gehört die Zeit.
(Längere Pause)

Langsam vollendet sich dein Aufenthalt an diesem Ort.
Es ist Zeit, Abschied zu nehmen.

Du kannst nachfühlen, welche Energie du mitnimmst. Und welche es auch ist, du hast die Gewissheit, immer wieder hierher zurückkommen zu können, um jedes Mal etwas sehr Persönliches zu erleben. Du kennst den Weg.
Auch den Weg zurück in die äußere Welt, den du jetzt gehst.
Spürst dabei deinen Atem, das Gefühl in deinem Körper – und du wirst dir auch wieder stärker meiner Stimme bewusst, die dich die ganze Zeit begleitet hat.
Vielleicht hast du Lust, dich ein wenig zu strecken. Und umherzuschauen, ob alles so ist, wie du es kennst. Und du kannst, wenn du magst, dir nun einfach noch weitere Zeit für dich gönnen. (Pause)

A: Das hat mir sehr gut getan.

B: Darüber freue ich mich. Nun lass uns das Ganze noch einmal hören und auf die verwendeten Sprachmuster aufmerksam machen.
Wir beginnen mit dem, was im Meta-Modell Gedankenlesen heißt. Hier bedeutet es, unserem Partner zu beschreiben, was er oder sie erlebt, also **Erlebnislesen**. Zunächst in der realen Gegenwart. Dies ist ein **Angleichen** der Worte an die aktuelle Erfahrungswelt des Hörers.

Du hast dir die Zeit genommen zuzuhören, hier, an diesem Ort. Du weißt, welcher Tag heute ist und welche Tageszeit. Du siehst, was dich in deiner Umgebung umgibt.
Du hörst meine Stimme.
Es kann sein, dass der eine oder andere Gedanke dich begleitet. Wir sind hier zusammengekommen, um gemeinsam einen Weg zu gehen. Vielleicht spürst du, wie sich dein Körper anfühlt. Und auch, wie dein Atem geht.

A: Du bist dabei durch verschiedene **Sinneskanäle** gegangen, hast mit äußeren Wahrnehmungen begonnen, bewegst dich von da aus weiter zu inneren Wahrnehmungen und Gedanken.

B: Zusätzlich können wir die einzelnen Sätze durch **Verbindungsworte** verknüpfen wie „und", „während", „nachdem", „bevor", „indessen" und unsichere Aussagen mit Worten wie „vielleicht", „möglicherweise", „oder auch nicht" relativieren. Es geht darum, dass möglichst viele Aussagen beim Hörer Bestätigung finden können.

Während du weiter meine Stimme hörst und deinen Atem wahrnimmst, hast du möglicherweise auch Lust, dich ein wenig bequemer hinzusetzen oder auszustrecken. Und vielleicht tut es dir gut, dich auf diese Weise zu entspannen.

A: Wieder habe ich bemerkt, wie das Erlebnislesen, **von außen** kommend, später nach **innen geht**, das heißt innere Empfindungen anspricht.

B: Wir gehen vom reinen Angleichen an das Bekannte zum **Führen** in bisher nicht wahrgenommene Erfahrungen über. Dabei kommt es darauf an, ob dies auch in Übereinstimmung mit dem Erleben des Hörers geschieht. Falls nicht, und das erkennen wir oft an subtilen Reaktionen, kehren wir wieder zum Angleichen zurück. Wir reagieren also auf das nonverbale **Feedback** des Partners. So wechseln sich Angleichen und Führen also immer wieder ab.

Dabei kannst du spüren, wie dein Körper Kontakt mit der Sitzfläche oder mit der Unterlage hat.
Kannst wahrnehmen, welche Temperatur dich umgibt. Nur du weißt, wie sich das anfühlt und ob es einen Bereich deines Körpers gibt, der noch ein wenig mehr Raum einnehmen möchte.

Wir fügen weitere Sprachformen hinzu, indem wir dem, was erlebt wird, positive Bedeutungen geben und wünschenswerte Auswirkungen formulieren.

A: Laut Meta-Modell ist dies also das **Bedeutungsgeben** und die **Ursache-Wirkungs-Beziehung**.

B: *Es ist gut, all deinen Empfindungen eine sanfte Aufmerksamkeit zu schenken. Denn das bedeutet, dass sie wertvoll für dich sind und ein freundliches Vertrauen zwischen deinem Geist und deinen Empfindungen wächst.*

Dabei brauchst du gar nichts zu tun als einfach nur wahrzunehmen, was in dir ist. Denn so kann es dir noch viel leichter fallen, dich zu entspannen.

A: Hier sind wieder andere Sprachformen hinzugekommen.

B: Das Vermitteln von **Möglichkeiten** und von **Erlaubnis**. Worte wie „können", „dürfen", „erlauben", „nicht mehr brauchen" und so fort. Im Meta-Modell war dies die Kategorie Notwendigkeit – Unmöglichkeit.
Es geht weiter, jetzt kommen **Vorannahmen** hinzu, das heißt, es wird auf verschiedene Art vorausgesetzt, dass bestimmte Aussagen zutreffen oder bestimmte Ereignisse eintreffen.

Ganz gleich, welche Art der Entspannung für dich die sinnvollste ist, kannst du dir erlauben diesen Weg lächelnd zu gehen. Und fortfahren zu entdecken, wie Lächeln ein natürlicher Zustand deines Wesens sein darf. Wie irgendwann auch früher. Während meine Stimme dich immer weiter dabei begleitet …
Und jeder Atemzug nährt dich auf deinem Weg zu deiner Mitte, dort, wo du mit dir im Einklang bist.

A: Die Sprachformen wechseln sich ab, verweben sich ineinander. Ich entdecke neue Kategorien:

- **Universalbegriffe**: alles, immer, jedes
- **Vergleiche**: mehr, weiter, tiefer, besser, leichter

- **Nominalisierungen**: Mitte, Vertrauen, Zustand, Entspannung, Einklang
- **Persönlichkeitsanteile**: Bewusstes, Unbewusstes, Körper, Wesen

B: Ich staune, was du alles wahrnimmst, Annelie. Sogar differenzierter, als es das Meta-Modell ausgedrückt hat – denn Persönlichkeitsanteile würden dort nur unter Nominalisierungen fallen. Lass uns den nächsten Abschnitt hören:

Vielleicht fühlst du dich jetzt irgendwie anders – und das ist ein gutes Zeichen, denn immer, wenn wir auf dem Weg zu unseren Quellen sind, verändert sich die Landschaft.
Vielleicht wird dein Atem dabei tiefer, dein Körper freier oder dein Geist offener. Manchmal geschehen Dinge miteinander.
Jede Zelle deines Körpers ist eingeladen dabei zu sein – denn gar nicht so weit entfernt gibt es jenen Ort, der sie alle erwartet. Gerade heute. Denn etwas in dir hat sich oft gewünscht, dich an diesen Ort zu führen. Und ich frage mich, ob du in deinem Inneren das heute wohl erlaubst ...

Auch **Fragen**, die innerlich beantwortet werden, sind Teil des Führens, sie geben uns anhand der äußerlich erkennbaren Reaktionen sogar Hinweise darauf, wo unser Partner sich innerlich befindet. Denn nur, wenn wir in Kontakt bleiben und uns immer neu an das Erleben des Partners angleichen, dann können wir auch führen.

A: Wer führt eigentlich: Ich dich oder du mich?

B: Das ist eine gute Frage: Für beide ist es ein **Führen** und **Folgen**.

A: Du hast noch weitere Sprachformen verwendet: **Sinnbilder** und **Gleichnisse**, **Metaphern** wie „der Weg zur Quelle“, „die sich verändernde Landschaft“, „an einen Ort führen“.

B: Und was kanntest du noch aus dem Meta-Modell?

A: **Unspezifische Bezugsworte** und **unspezifische Verben**: „etwas in dir“, „Dinge, die geschehen“, „einladen“, „führen“, „verändern“.

B: *Weiter spürst du deinen Atem, jeder Atemzug ist ein behutsamer Schritt näher zu deiner Quelle. Mit jedem Einatmen nimmst du frische Energie auf und gibst, was du nicht mehr brauchst, beim Ausatmen ab. Du darfst immer mehr loslassen, zulassen, weiter-, näher kommen. Wissen, dass du hier sicher und geschützt bist – und die Vorboten der Quelle wahrnehmen, vielleicht ein Symbol oder den Klang von Wasser oder eine Farbe.*
Du kannst einfach dein Inneres bitten dir zu zeigen, was es dir zeigen möchte.
Es ist gut, von innen zu empfangen. Von dort kommt das Vertrauteste. Wie ein alter Freund oder eine alte Freundin ist das Innere für uns.
So reift für dich die Zeit anzukommen an diesem Ort, in Kontakt zu treten mit jener Quelle, in welcher Form auch immer du ihr begegnen

möchtest. Alles, was du dazu brauchst, ist ein Ja zu dir, zu deinem Wesen und wenn du dieses Ja innerlich spürst, kommst du an.
(Längere Pause)
Du kannst aufnehmen, was für dich da ist. Ist da ein besonderes Wasser? Ein Symbol oder ein Licht? Oder etwas ganz anderes? Möglicherweise gibt es hier auch Klänge.
(Pause)
Und alles, was es zu tun gibt, ist einfach nur: Aufnehmen.
Jede Zelle deines Körpers darf sich regenerieren. Dir gehört die Zeit.
(Längere Pause)

B: Auch die Sprachformen sind gemeinsam angekommen.

A: Ich fand es vorhin sehr schön, dass du an einigen Stellen längere Pausen gemacht hast, durch die ich Zeit hatte, innerlich alle Prozesse auf meine eigene Art zu vollenden. Du hast genau gemerkt, wann es Zeit war, weiterzusprechen.

B: Das ist das A und O in dieser Arbeit. Neben jenen Sprachformen, die dem Inneren Raum geben.

A: Jetzt waren noch einige hinzugekommen – **die reinen Tilgungen**: „loslassen", „zulassen", „näher kommen" und **Allgemeinplätze** über das Leben: „Es ist gut, von innen zu empfangen", „Dir gehört die Zeit".

B: Nach dem Hinweg und wirklich ausreichender Zeit, die Erfahrungen auch zu sammeln, begleiten wir in ähnlicher Weise den **Rückweg**, der jedoch meist kürzer als der Hinweg gehalten werden kann, da die beschriebenen Erfahrungen bereits in der umgekehrten Richtung durchlaufen wurden.

Langsam vollendet sich dein Aufenthalt an diesem Ort.
Es ist Zeit, Abschied zu nehmen.
Du kannst nachfühlen, welche Energie du mitnimmst.
Und welche es auch ist, du hast die Gewissheit, immer wieder hierher zurückkommen zu können, um jedes Mal etwas sehr Persönliches zu erleben. Du kennst den Weg. Auch den Weg zurück in die äußere Welt, den du jetzt gehst. Spürst dabei deinen Atem, das Gefühl in deinem Körper – und du wirst dir auch wieder stärker meiner Stimme bewusst, die dich die ganze Zeit begleitet hat. Vielleicht hast du auch Lust, dich ein wenig zu strecken. Und umherzuschauen, ob alles so ist, wie du es kennst. Und du kannst, wenn du magst, dir einfach noch weitere Zeit für dich gönnen.

A: Jetzt verstehe ich, wie man so sprechen kann und auch, was den Unterschied zum „normalen" Sprechen ausmacht. Es waren natürlich eine gehörige Menge Sprachformen dabei. Lass uns jede Form noch einmal in Erinnerung rufen, in der Reihenfolge, in der wir sie in den Beispielen verwendet haben.

B: Hier sind sie:

- Erlebnislesen und Gedankenlesen:
  Du siehst, hörst, fühlst, erlebst, empfindest … erst die äußeren Wahrnehmungen, dann innere Empfindungen und Zustände.
- Bedeutungsgeben:
  Und das bedeutet, das heißt …
- Ursache – Wirkung:
  Deshalb, das bewirkt, hat zur Folge.
- Vorannahmen:
  Ob auf diese oder jene Art, früher oder später.
- Universalbegriffe:
  Jeder Atemzug, immer, alle Zeiten.
- Möglichkeit, Erlaubnis:
  Du kannst dir erlauben, brauchst nicht.
- Allgemeinplätze:
  So ist es im Leben. Viele Menschen sind so.
- Nominalisierungen:
  Liebe, Verständnis, Freiheit, Glück, Bereitschaft, Erfahrung, Problem, Lösung.
- Unspezifische Verben:
  Es entwickelt sich, du erfährst, erlebst …
- Unspezifische Satzteile:
  Gewisse Dinge, etwas in dir, es.
- Tilgungen des Vergleichs:
  Besser, weiter, tiefer.
- Tilgungen:
  Du kannst loslassen … hoffen … anfangen.

A: Ich glaube, ich werde jetzt weitaus sensibler dafür sein, wie andere sich ausdrücken – und auch dafür, wie ich selbst es tue.

5. Metaphern und Geschichten

A: Besonders mag ich es, Bernard, du hast es vorhin gezeigt, wenn ich etwas sinnbildlich ausdrücken kann, als Metapher oder Geschichte. Es ist, als ob dann das Kind in mir lebendig wird. Darüber möchte ich noch mehr wissen.

B: Wir können fast alles auf vielerlei Arten ausdrücken: ganz direkt und konkret oder eben indirekt, bildhaft, gleichnishaft. Das eine scheint mehr unsere Vernunft anzusprechen und klare, bewusste Informationen zu geben, die andere Art spricht unsere bildhafte Phantasie, unser Gefühl und unsere unbewussten Prozesse an.

A: Manche Wissenschaftler ordnen diese beiden Bereiche auch der linken und der rechten Hirnhälfte zu.

B: Ja, lass es mich einmal bildhaft ausdrücken:
Wenn Menschen sprechen, dann ist es, als ob sie mit einer Lampe Licht auf ein vorher dunkles, das heißt unbekanntes Terrain scheinen lassen. Einige werfen ihr Licht direkt auf das Lebensgebiet, welches sie zeigen wollen, und beschreiben, was es dort zu sehen gibt. Sie sagen, sie beschreiben die Realität.
Manchmal aber reicht dieses Licht nicht aus um den Hintergrund der Dinge zu erkennen und manchmal verwirrt die Vielzahl der Einzelheiten das Auge. Wie so oft in der Realität sehen wir den Wald vor Bäumen nicht, oder der Blick auf die Zusammenhänge, Ursachen und Wirkungen ist uns versperrt.
Deshalb erschaffen weise Menschen, wenn sie über die Dinge des Lebens sprechen, gern eine andere Welt; die aus dem Reich der Phantasie oder der Erinnerung kommt. Sie ist keinesfalls beliebig, sondern irgendwie der Realität sehr ähnlich. Aber nicht in allem, nur in jenen Aspekten, die gezeigt werden sollen. Und wenn das Licht der Sprache auf diese fällt, dann werden bestimmte Aspekte hier viel deutlicher, können noch dazu aus einem neuen Blickwinkel heraus erlebt werden.

A: Was wir in der Phantasiewelt erkennen, können wir später also auch in der Realität wahrnehmen?

B: Darum geht es – wir werden sowohl für die Bäume als auch für den Wald sensibel, sogar für die ganze Landschaft oder das Miteinander der Pflanzen und Tiere.
Viele Völker haben ihr Wissen und ihre Eingebungen über das Leben in dieser Phantasieform von Generation zu Generation weitergegeben. Dazu gehören Geschichten, Fabeln, Märchen, Mythen, vielleicht sogar die geschriebenen Formen der Religionen.

A: Eine Religion möchte ich nicht verfassen, aber viele Dinge ein bisschen bildhafter ausdrücken.

B: Lass uns mal sammeln, was du metaphorisch ausdrücken möchtest und gleich ein paar Metaphern dazu suchen.

A: Ich möchte zum Beispiel sagen: „Komm zur Ruhe."

B: Weißt du, wie es ist, wenn der Wind nachlässt, irgendwann gar kein Windhauch mehr zu spüren ist und ein kleiner See ganz still im Abendhimmel glitzert? Die Oberfläche des Wassers ist dann wie ein glatter Spiegel und du kannst dich selbst darin sehen ... (Pause)

A: Das macht mich sonderbar still. Aber ich möchte noch mehr ausdrücken, zum Beispiel: „Hilf dir selbst!"

B: Wenn du hungrig bist, dann hilft es dir nicht viel, wenn ich dir jetzt einen Fisch gebe, viel besser ist es, wenn du von mir lernst zu fischen.

A: Und andersherum ist es auch wichtig: „Helft euch gegenseitig."

B: Ich sah eine Gruppe von Menschen um einen Tisch zusammensitzen. Sie sahen sehr hungrig aus, obwohl ein großer Suppentopf auf dem Tisch stand. Jetzt erkannte ich ihr Problem. Jeder hatte zwar einen Löffel für die Suppe, aber der Stiel des Löffels war so lang, dass niemand mit seinem Löffel den eigenen Mund erreichen konnte, denn ihre Arme waren viel zu kurz dazu. Aus ihrer Unzufriedenheit heraus gifteten sie sich gegenseitig an. Auf dem Tisch stand ein Schild: die Hölle.
Dann sah ich eine Gruppe fröhlicher Menschen um einen Tisch sitzen, der genauso aussah wie der erste. Auch hier stand ein Suppentopf in der Mitte, auch hier hatte jede und jeder einen Löffel mit einem sehr, sehr langen Stiel in der Hand. Doch einen kleinen, aber entscheidenden Unterschied gab es: Jede und jeder führte den eigenen Löffel, gefüllt mit Suppe aus der Schüssel, zum Mund des Nächsten oder Übernächsten. Das ging sehr gut. Auf dem Tisch stand ein Schild mit der Aufschrift: der Himmel. (Pause)

A: Das geht wirklich tiefer als die bloße sachliche Beschreibung. Offenbar kann man fast alles metaphorisch ausdrücken.

B: Genau so viel, wie dein Vorstellungsvermögen erlaubt.

A: Was bedeutet eigentlich das Wort „Metapher"?

B: „Meta" steht für das, was dahinter liegt, also für das oberflächlich vielleicht nicht sichtbare Wesen einer Begebenheit. Eine Metapher ist ein Sinnbild für das Dahinterliegende, ein Gleichnis, das tiefere Zusammenhänge vorstellbar macht.

A: Ich glaube, Metaphern sind in vielen Erzählformen enthalten.

B: Genau, da ist das Stimmungsbild für einen Zustand, das Sprichwort für eine Weisheit, die Parabel oder Lehrgeschichte, die Fabel, das Märchen, die kleine oder große Erzählung, die Trancereise oder Phantasiereise, aber auch das Schauspiel und der Film. Auch selbst vollzogene Rituale gehören dazu.

A: Rituale?

B: Das sind solche Handlungen, denen eine innere Bedeutung zugemessen wird, die über das äußere Geschehen hinausgeht. Vom Hissen einer Flagge, Anzünden der Kerzen auf der Geburtstagstorte bis zu persönlichen Entwicklungsritualen, wie sie Gemeinschaften,

Religionen und natürlich auch moderne Therapien zur Verfügung stellen. Doch das ist ein großes, anderes Thema.

A: Du hast Recht, lass uns hier weiter im Reich der Sprache und der Geschichten bleiben – und hören, was sich so alles metaphorisch ausdrücken lässt:

B: Zum Beispiel Zustände:

A: Wie wär 's mit „neugierig sein"?

B: Wie ein Kind, das kurz vor der weihnachtlichen Bescherung durchs Schlüsselloch des Wohnzimmers lugt.

A: Oder „sich entspannen".

B: Den Flug einer näher kommenden, kleinen weißen Wolke am blauen Abendhimmel verfolgen, die sich irgendwann herabsenkt, dann von ihr umhüllt werden und sich in ihr wiegen.

A: „Vertrauen haben".

B: ... wie ein Kind, das auf einer langen Zugfahrt in den Armen des Vaters einschläft.

A: Wie ist es mit „in Kontakt sein"?

B: ... wie Reiter und Pferd, die, blitzschnell aufeinander reagierend, einen schmalen Waldweg entlang galoppieren.

A: Es ist interessant, wie jeder Zustand durch verschiedene Metaphern beschreibbar ist, und jede verleiht ihm sehr individuelle Züge, eine besondere Qualität, die du damit ausdrückst.

B: Nicht nur Zustände, sondern auch ihre Veränderungen lassen sich gut in Sinnbildern ausdrücken.

A: Wie kann ich die Stimmung ein- und desselben Erlebnisses in meiner Vorstellung verändern?

B: Lass es Tag oder Nacht werden, Sommer oder Winter – vielleicht tut auch ein Gewitter gut oder eine ganz bestimmte Landschaft?

A: Ich möchte einige Erfahrungen mit mehr Abstand betrachten.

B: Du kannst wie ein Vogel hoch aufsteigen und die ganze Landschaft überblicken, in der auch diese Erfahrungen liegen. Du kannst auf einen Berg steigen und von oben hinunterschauen. Oder du kannst die Dinge auf Video in einem kleinen Fernsehgerät betrachten.

A: Mir fällt noch etwas Schönes ein: Alles in der Glaskugel einer Wahrsagerin anschauen. Übrigens: Es gibt auch Dinge, die möchte ich für immer hinter mir lassen.

B: Vielleicht, als würdest du in einem Schnellzug sitzen, der den Ausgangsbahnhof längst verlassen hat, und nun beim Blick aus dem Fenster Wiesen, Wälder und Ortschaften vorbeiziehen sehen.

A: Manchmal möchte ich wissen, was in meinem Chef so vor sich geht.

B: Dazu brauchst du bloß in seine Schuhe zu schlüpfen, durch seine Brille zu schauen und seinen Weg zu laufen. Ein indianisches Sprichwort sagt: „Urteile niemals über einen Indianer, bevor du nicht tausend Schritte in seinen Mokassins gelaufen bist.“

A: Ich möchte mich an etwas Vergangenes erinnern.

B: Dann ist es gut, auf dem Lebensweg zurückzugehen oder sogar mit einer Zeitmaschine zu reisen. Vielleicht findest du auch irgendwo den richtigen Schlüssel zu einem besonderen Raum oder einen geheimen inneren Wegweiser.

A: An jenem Wegweiser liegt mir sehr viel. Deshalb möchte ich mit meinem Inneren kommunizieren.

B: Möglicherweise wirst du an einem einsamen Strand einer sonderbar vertrauten Person begegnen, vielleicht eine Quelle finden, der du eine Frage stellst, vielleicht spricht auch ein Tier zu dir oder ein Spiegel ...

A: Metaphern können, wie ich spüre, Geheimnisse und wichtige persönliche Erfahrungen beschreiben. Ich würde zum Beispiel häufig gern den Kern einer Sache finden.

B: Du kannst ein vielfach geschnürtes Paket langsam auspacken. Oder magst du die ineinander liegenden Schalen einer besonderen Frucht schälen?

A: Ich möchte innere Energiequellen entdecken.

B: Wie in der Entspannungsreise vorhin angedeutet, kannst du den Weg eines Baches bis zur Quelle zurückverfolgen und von dieser Quelle trinken. Oder auch unter Wasser tauchen, bis auf den Grund, und dort eine einzigartige, schimmernde Muschel finden.

A: Wie kann ich metaphorisch verborgene Weisheiten finden?

B: Zum Beispiel in einem alten Buch eine Seite aufschlagen, darin lesen. Oder jemanden fragen, ein Orakel, einen Baum, einen Weisen ...

A: Hast du ein Bild dafür, was es bedeutet, zu wachsen, sich zu entwickeln?

B: Ich denke da an einen Baum, der tief verwurzelt, aus einem festen Stamm heraus die Krone in Richtung Himmel öffnet.

A: Übrigens: Ich habe Lust, Geige spielen zu lernen.

B: Du möchtest also die Saiten deines Lebens zum Klingen bringen.

A: Ich merke, wie diese Metaphern nicht nur Zustände, sondern ganze innere Prozesse beschreiben. Wenn ich ihren Bildern folge, dann geschieht etwas in mir und ich erhalte etwas geschenkt, auf das ich mit der Vernunft gar nicht gekommen wäre. Aber dafür kann ich noch viel mehr Zeit gebrauchen. Und die schenke ich mir heute Abend.

B: Es gibt Gleichnisse, die begleiten uns über Jahre.

A: Jetzt bin ich neugierig, mir anzuschauen, welche Symbole in all den Metaphern am häufigsten auftreten. Die könnten mir helfen, selbst Gleichnisse zu entwickeln, meine eigenen Lebenserfahrungen in Worte zu kleiden.

B: Es gibt eine Vielzahl überlieferter Symbole, die tief in unserer Erfahrungswelt verwurzelt sind. Die größte Quelle metaphorischer Beschreibungen ist und bleibt die Natur:

> *Da sind die verschiedenen Pflanzen mit ihren Blüten und Früchten, da sind der immer wiederkehrende Baum, der Wald, der Berg, das Tal, das Gras, die Sonne, der Mond, die Erde, der Fluss und das Meer, die Tages- und Jahreszeiten, all die Spielarten des Wetters, Feuer, Erde, Wasser, Luft.*
> *Und natürlich die Tiere: die Schlange, der Fuchs, der Bär, der Adler, die Gans, der Frosch, der Delphin, der Löwe, das Pferd ...*

Alle symbolisieren sie bestimmte Qualitäten, die unterschiedliche Menschen dennoch in ähnlicher Weise deuten. Hinzu kommen all die Dinge, die der Mensch geschaffen hat:

> *das Haus, der Weg, die Brücke, Mauern, Tunnel, Brunnen, der Turm, der Wagen, der Schlüssel, das Schwert, Gold und Silber, Brot und Wein.*

Und all die sozialen Positionen:

> *Könige, Prinzen, Prinzessinnen, Bauern, Soldaten, Richter, Hexen, Jäger, Narren, Zauberer, das Kind, der Held, die Weise. In uns finden wir Körper, Seele, Geist.*

Doch es gibt noch viele andere Wesenheiten – die wir als Menschen innerlich oder auch äußerlich erleben:

> *Das höhere Selbst oder unseren Schutzengel nennen wir jene, die uns helfen und führen. Dämonen, Vampire oder umherirrende Seelen bedrohen uns. Elfen, Zwerge oder Meerjungfrauen zeigen uns geheime Welten. Wir können das ganze Reich der antiken Mythologie mit ihren Göttern und Halbgöttern hinzunehmen oder etwa die Symbolwelten des Tarot und der Astrologie.*

A: Welche Bedeutung haben die Symbole denn im Einzelnen?

B: Im Zweifelsfall jene, die sie in dir auslösen. Und sie tun dies häufig auf einer unbewussten Ebene, sodass der Verstand zunächst keine klare Antwort bekommt. Es gibt aber durchaus überlieferte Bedeutungen, die einzelnen Symbolen zugeordnet werden.

A: Lass uns gemeinsam einige Beispiele zusammentragen.

> *B: Da ist der Baum, Sinnbild für Wachstum und Körperlichkeit, von dem aus ein weißer Vogel sich in die Luft, in die Freiheit erhebt, um sich auf die Suche zu machen. Er überfliegt einen Berg, den ein Mensch besteigen will, was eine schwere Aufgabe darstellt, doch wenn er oben ist, wird auch er dort Weite und Übersicht erleben, vielleicht auch ein Feuer entzünden, das für seelische Energie, Reinigung und Transformation steht.*
> *Unten im Tal zieht sich ein Fluss entlang, wie der Lauf des Lebens, bis weit hin zum Meer, wo es in den Ursprung des Lebens*

und die große Einheit zurückfließt und wie alles Wasser unsere unbewusste psychische Energie in sich trägt.

A: *Im Innern des Berges gibt es vielleicht eine Höhle, in der vor alten Zeiten Geburt und Tod ihren Platz hatten. Vielleicht ist der Eingang zu der Höhle aber durch einen großen Stein, ein Hindernis, verstellt.*

B: *Und Wald ist an den Hängen, der das Unbewusste beherbergt und auch verschiedene Gefahren in sich tragen kann. Gefährlicher aber ist jener Abgrund auf der anderen Seite – nur dem weißen Vogel macht er nichts aus.*

A: *Ich stelle mir vor, überall im Tal ist fruchtbares Land – die mütterliche Erde, die Wandel und Wachstum hervorbringt. Vielleicht haben Menschen irgendwo einen Garten angelegt, ihre persönliche Umgebung, für die sie Verantwortung tragen, der wächst und gedeiht. Und Wiesen sind da, die Stimmung und ursprüngliche Lebendigkeit vermitteln.*

B: *Der weiße Vogel ist noch viel weiter geflogen, wonach er wohl sucht? Sogar eine Wüste hat er überquert, wo Einsamkeit und Stillstand wohnen, ein Ort, der vielen Menschen ein Warnsignal ist. Dann wurde es wieder grün, lebendig, und er landete auf einem besonderen Haus, das vielleicht der inneren Struktur eines Menschen entspricht.*

A: *In dem Haus wohnt ein Kind, das all die kreativen Möglichkeiten des Lebens und neues Bewusstsein verkörpert.*
Und es gibt auch einen Kleiderschrank, der die Verwandlungsmöglichkeiten, Rollen und Masken des Lebens beherbergt.

B: *Auch ein unbekannter Mann ist da, der die noch unerschlossene und deshalb vielleicht unheimliche männliche Triebenergie in sich trägt.*

A: *Und eine unbekannte Frau für die weibliche Triebenergie. Außerdem sehe ich noch eine Person, die weder jung noch alt ist, weder männlich noch weiblich – vielleicht eine Zauberin, welche die Gegensätze in einer neuen Bewusstseinslage zu integrieren weiß. Sie trägt eine Kristallkugel in den Händen, die alles ordnet, reinigt und zusammenführt.*

B: *Ich sehe all diese Menschen miteinander tanzen – ihre physische Energie ausdrücken und einfach in Bewegung sein. Nur einer steht still in einiger Entfernung und schaut: Es ist der Tod, Symbol für Wandlung, Veränderung und einen neuen Lebensabschnitt.*

A: *Vor dem Haus ist ein Brunnen, der bis zu einer unterirdischen Quelle hinuntergegraben wurde, und aus dem derjenige, der daraus trinkt, Stärkung und Reinigung des Unbewussten erfährt.*

B: *Und auf dem Dachboden liegt ein besonderes Buch, das verborgenes Wissen und natürliche Bewusstseinsveränderung vermittelt.*

Außerdem gibt es besondere Treppen in dem Haus. Wer sie schrittweise hochsteigt, erfährt dabei eine immer größere Bewusstwerdung vieler Aspekte seines Lebens, wer hinuntersteigt, sucht verborgene frühere Erfahrungen auf oder begibt sich in einen tieferen Trancezustand. Ganz oben fällt sehr viel Licht in das Haus und begleitet die Bewusstwerdung.

A: *Ich erkenne, dass dieses Haus zu einem Dorf gehört – Symbol der Gemeinschaft – und das Dorf liegt zu Füßen einer Burg, die den Bewohnern Sicherheit und Festigkeit gibt. Bei Gefahr sammeln sich alle Bewohner hier, wo sie sich gut verteidigen können. Sie besitzen Speere, die ihre Tugenden symbolisieren.*
Die Burg ist auch deshalb unangreifbar, weil sie auf einem Felsen steht, der unveränderliche Stabilität verkörpert.

B: *Aber nicht alle Menschen wohnen dort. Viele sind unterwegs, manche auf einer Reise, wie die Reise ihres Lebens – oder auf der Suche nach dem, was ihnen wirklich wertvoll ist. Vielleicht ist es eine Pilgerreise, der Suche nach dem eigenen Selbst gewidmet. Andere Menschen befinden sich vielleicht zur gleichen Zeit in einem Labyrinth, wo sie mit Hilflosigkeit, Verwirrung und Problemen konfrontiert sind. Und noch anderswo steht jemand an einer Kreuzung, hat eine wichtige Entscheidung für sein Leben zu treffen.*

A: *Ich sehe noch Menschen bei ganz anderen Beschäftigungen. Da ist ein See und sie nehmen ein Bad – ich glaube, das gibt ihnen Reinigung und Erneuerung.*
Und dort versammeln sie sich im Kreis, erleben Übereinstimmung, vielleicht gemeinsamen Glauben und Hoffnung. Zwei aber sind nicht dabei. Sie stehen zu zwei Seiten eines Flusses, rufen und gestikulieren, aber können sich nicht verstehen. Das geht eine ganze Weile so, doch dann bauen sie nach und nach eine Brücke über den Fluss, als Symbol für Kommunikation und Integration.

B: So ist der Kreis unseres Lebens voller Symbole, die in uns ursprüngliche Bedeutungen auslösen, als wären sie natürliche Hinweisschilder für bestimmte Erfahrungen. Und sie werden von Generation zu Generation weitergegeben.

A: Die Symbole, die wir genannt haben, sind sehr alt. In unserer Zeit ist sicher einiges hinzugekommen.

B: Erstaunlicherweise weniger, als wir zunächst vermuten. Die alten Quellen waren nun einmal näher am Kern des Lebens. Beträchtliches aber bietet die neue Symbolwelt im Bereich der Werkzeuge und der Fortbewegungsmittel:

Maschine, Kamera, Computer, Rakete, U-Boot, Raumschiff, Flugzeug, Roboter. Aus dem Reich der Fiktion kommen Ufos und Außerirdische hinzu oder Mutanten, Supermänner und Spinnenfrauen.

Verschiedene Formen der Psychotherapie schufen neue innere Wesenheiten:

> *Das Bewusste, das Unbewusste, das Es, das Ich, das Über-Ich, das innere Kind – oder, ganz einfach, der eine oder der andere Teil.*

Und natürlich gibt es neue soziale Rollen:

> *Prinzen und Prinzessinnen sind heute Stars und Models, Helden siegen bei den Olympischen Spielen. Bösewichter handeln mit Plutonium, Verführer mit Drogen. Politiker, Geheimdienstler, Manager, Unternehmer, Angestellter sind neue Berufe. Big Boss, kleiner Mann, Lieschen Müller oder auch Bodo Ballermann heißen andere soziale Rollen der modernen Welt.*

A: Für gut und böse, einfältig oder weise, stark oder schwach, machtvoll oder machtlos hat also auch unsere Zeit eine Vielzahl neuer Symbole vorrätig. Und präsentiert sie in den Medien werbewirksam dem zu unterhaltenden Publikum.

B: Leider liegt hier nur selten ein Weg für wirkliche individuelle Lernprozesse.

A: Wie kann ich diesen Weg finden?

B: Lass es mich in eine Metapher fassen:

> *Stell dir vor, dass jeder Mensch von der Natur innerlich einen großen Garten geschenkt bekommen hat, einen Garten, der unendlich reich und fruchtbar ist, aber auch hier und da aufmerksamer Pflege bedarf. Jedoch haben die meisten Menschen bisher nur einen kleinen Teil ihres Gartens kennen gelernt und dort alles nach bestem Wissen und Können gehegt und gepflegt. Manchmal auch zu stark gehegt, sodass einige Pflanzen gar nicht in Ruhe wachsen konnten – oder als Unkraut gerupft wurden.*
>
> *Und obgleich die Menschen viel Gutes in dem bekannten Teil des Gartens fanden, blieben sie doch unzufrieden, denn es mangelte ihnen an Früchten und vielerlei schönen Blumen, von denen sie erfahren hatten, die sie in ihrem Garten aber nicht fanden.*
>
> *Deshalb suchten die Menschen Rat bei den* ***Gartengeschichtenerzählern*** *– und je nachdem, zu wem sie kamen, erfuhren sie interessante Dinge.*
>
> *Die einen handelten im Hauptberuf mit Steinplatten und erzählten ihnen, dass es darauf ankäme, viele Wege mit vielen Steinplatten anzulegen. Und dass es verboten sei, den Fuß irgendwo hinzusetzen, wo noch keine Steinplatten verlegt seien.*
>
> *Die anderen handelten mit Scheinwerfern und erzählten ihnen, wie wichtig es sei, den Garten Tag und Nacht zu beleuchten. Und dass es darauf ankäme, alles zu wissen und zu beobachten.*
>
> *Wieder andere handelten mit Früchten und erzählten, dass es darauf ankomme, die fehlenden Früchte hinzuzukaufen. Je mehr, je besser.*

Eines Tages kam eine Geschichtenerzählerin, die keinen Hauptberuf hatte. Dafür hatte sie ihren eigenen Garten, auch die entlegeneren Winkel, sehr gut kennen gelernt. Das war nicht an einem Tag geschehen, sondern in vielen Jahren. Sie hatte dabei viele Früchte und sehr schöne Blumen gefunden, die ihr ein strahlendes, warmes Lächeln schenkten. Und sie sprach von der Schönheit und dem Reichtum eines jeden Gartens.
Wenn die Menschen sie hörten, war es, als ob sie dabei auch in ihrem eigenen Garten neue Wege entdeckten. Vielleicht waren es gar keine neuen Wege, sondern uralte, die sie nur lange vergessen hatten. Und die Menschen entdeckten ihre eigenen Früchte und ihre eigene Schönheit.
„Wie konnte die Frau solche Wirkungen hervorrufen?“, fragten sich viele.

A: Ich dachte, du erzählst mir das Geheimnis, statt daraus eine Frage zu machen.

B: Manchmal sind Fragen die besseren Antworten.

A: Ja, dann suche ich die Antworten in mir selbst. Und was diese Frau betrifft … Vielleicht hat sie diese Wirkung, weil sie selbst verkörperte, wovon sie sprach oder weil sie an den schönen Garten in jedem Menschen glaubte oder weil sie keine Nebeninteressen verfolgte.

B: Ich habe später noch mehr über sie erfahren.

Die Frau hatte irgendwann auch die Kunst erlernt, Fragen zu stellen und zuzuhören. Danach fand sie für jeden Menschen ganz eigene Worte. Zum Ausgangspunkt nahm sie das, was dem anderen vertraut und bekannt war, was sie erfahren hatte. Doch sie beschrieb es mit neuen Worten, transportierte es in eine andere Welt, ins Reich der Imagination.
Mal sprach sie von alten Kulturen, mal von der Natur, mal von persönlichen Schicksalen anderer Menschen, mal von sich selbst. Immer aber sprach sie dabei auch von denen, zu denen sie sprach. Und die merkten dies oft erst viel später.
Doch in dem, was sie erzählte, ging sie manchmal einen kleinen, manchmal einen großen Schritt in bisher unbekanntes Land: Der vertraute Teil des Gartens war der Ausgangspunkt, von dem aus sie ihre Zuhörer in jene Bereiche führte, die sie vorher nicht zu betreten gewagt hatten. Hier aber, im Reich der Phantasie, war das nun möglich.

A: Aha, sie beherrschte die Kunst des Angleichens und Führens, die wir schon im Zusammenhang mit dem Milton-Modell kennen gelernt haben.

B: Und zwar in ihrer sinnvollsten Form: Sie führte die Menschen über einschränkende Überzeugungen hinweg, die sie irgendwann gewonnen hatten, auch über Unsicherheiten und Ängste – und all das in einer Atmosphäre des Angenommenseins und des Vertrauens.

A: Ich erkenne dahinter ein **Prinzip für die therapeutische oder beratende Arbeit** mit Menschen – können wir das noch einmal mit anderen Worten zusammenfassen?

B: Vielleicht so: **Zuerst** finde heraus, was der andere Mensch erlebt, wie er denkt, wie sein Leben verläuft. Der Weg, dies zu tun, heißt Wahrnehmen, Fragen, Zuhören und immer wieder Überprüfen, ob du richtig verstanden hast.

A: Im zweiten Teil unserer Reise haben wir viel über das Fragen gelernt.

B: Genau, **als Zweites** finde eine sinnbildliche Welt, in welche du all das übertragen kannst. Eine phantasierte oder erinnerte Welt, die ganz anders ist, dennoch aber dem Erleben des Klienten entspricht.

A: Nämlich dadurch, dass die Situationen und Personen mit ihren Handlungen eine sonderbare Ähnlichkeit haben mit denjenigen, die der Klient aus seinem eigenen Leben kennt.

B: **Zum Dritten** geht es darum herauszufinden, was dem Klienten in seinem Leben bisher verborgen geblieben ist, was ihn hindert sich zu entwickeln, welchen Teil seines Gartens er bisher nicht angeschaut hat. Und eben dies zu entdecken wird nun der Inhalt der Geschichte.
Vielleicht müssen die Helden in jener Phantasiewelt ganz bestimmte Erfahrungen machen, vielleicht erleben sie Wunder oder entdecken neue Fähigkeiten. Irgendwann haben sie ihre bisherigen Einschränkungen überwunden und damit auch Lösungen für die ursprüngliche Problematik des Klienten gezeigt.

A: Ich glaube, es ist oft wichtig, dass dieser Weg auch durch Bereiche führt, die der Klient bisher ängstlich vermieden hat – oder die er nicht zu denken wagte. Bereiche, die er nun in der Geschichte zu erkennen und zu meistern lernt.

B: Oder es werden Entwicklungen deutlich gemacht, denen ein Mensch rechtzeitig vorbeugen kann: Zu diesem Zweck werden in einer Geschichte oft jene kleinen oder großen Verluste und Katastrophen dargestellt, auf die das bisherige Verhalten der Beteiligten hinauslaufen würde, wenn sie ihre Einstellungen und Verhaltensweisen nicht ändern. Ihr bisheriges Zusammenspiel mündet dementsprechend in **heilsame Katastrophen**, die dann aber zu Quellen der Neubesinnung, des Neuanfangs oder des Wandels werden.

A: Manches gute Schauspiel, mancher gute Film, in welchem ich mich mit einer Person stark identifizieren konnte, hat mir auf diese Art schon neue Wege, Lösungen und Einsichten vermittelt. Und die Spannung gehörte dazu.

B: Sicher ist genau das schon seit dem antiken Drama ein wichtiges Prinzip von Kunst überhaupt. Und sicher gibt es neben den ganz individuellen Themen sehr viele, die eine große Anzahl von Menschen, vielleicht eine ganze Kultur betreffen. Ich glaube, es gibt Gebiete unseres Gartens, die fast alle Menschen unserer Kultur nicht zu betreten wagen oder vergessen haben. Umgekehrt gibt es Erfahrungen, die sehr viele Menschen einer Kultur im Laufe ihrer Entwicklung in vergleichbarer Weise durchlaufen.

A: Erzählst du noch eine Geschichte, Bernard?

B: Eine, in der es auch dramatisch sein darf?

A: Das gehört dazu, klar, aber schön soll sie auch sein.

B: Speziell für dich, Annelie?

A: Nicht speziell, aber auch. Und für unsere ganze Kultur. Am besten eine Geschichte über die Liebe oder über die Schönheit.

B: Oder über beides?

A: Das wäre toll.

B: Genau so eine habe ich, zum Abschluss. Nun, liebe Leserinnen, lieber Leser, machen Sie es sich bequem und erfahren Sie, was damals geschah.

> *Vor langer Zeit, im alten China, lebte in der kleinen Stadt zu Füßen des Königspalastes der arme Musikant Trojanus. Er spielte viele Instrumente und sang dazu, am bezauberndsten aber spielte er die Flöte. Er war jedoch nicht nur arm, sondern auch alles andere als stattlich von Statur. Obwohl er sehr schöne Augen und ein weiches Gesicht hatte, war er von Natur kleinwüchsig und bucklig gewachsen und hinkte leicht. Aufgrund dieser Behinderungen war er tagsüber meist zu scheu, um aus seinem Haus zu gehen.*
>
> *Sobald es aber am Abend dunkel geworden war, nahm er seine Flöte und lief durch die Straßen der Stadt, die schönsten Melodien spielend. Die Leute öffneten dann ihre Fenster, lauschten und warfen ihm verschiedene Geschenke ins Dunkel hinein zu.*
>
> *Irgendwann begann der Musikant, seinen Weg auch auf das Gelände um den Königspalast auszudehnen und auch hier seine Melodien zu spielen.*
>
> *Im Palast lebten der König und seine Gemahlin, aber auch ihre wunderschöne Tochter, die Prinzessin Mondtau. Doch beim Gedanken an Mondtau waren alle von Trauer erfüllt. Denn sie, die später die Krone des Landes tragen sollte, war in früher Jugend aus unerklärlicher Ursache erblindet. Sie war nun schon 20 Jahre alt geworden, schöner denn je – und viele Fürsten und Ritter warben trotz ihrer Blindheit um ihre Hand. Doch all das interessierte sie nicht, und die meiste Zeit verbrachte sie allein in ihrem Zimmer, das immer beleuchtet war und dessen Fenster hoch über dem Weg, der in die Stadt führte, aus der Palastmauer hervorschauten. Meist war sie in Gedanken versunken oder träumte vor sich hin.*
>
> *Eines Tages aber, ihr Fenster war der frischen Luft wegen geöffnet, vernahm sie zum ersten Mal da draußen das Flötenspiel des armen Musikers Trojanus, der langsam den Weg zu Füßen des Palastes entlang kam. Es war ihr, als ob ein zarter, warmer Schauer durch ihren*

Körper ging, sie zitterte leicht und, um besser zu hören, stellte sie sich ans Fenster. Dort konnte auch Trojanus sie sehen, auch ihn überkam ein zarter Schauer, er hielt inne und es war ihm, als ob nun auch viele wunderbare Melodien in seinem Inneren entsprangen, die sich im Spiel der Flöte Ausdruck verschafften.
Die Prinzessin fühlte sich tief im Innern berührt und es war, als empfände sie innerlich das Spiel wundersamer Farben. Nach einer Weile zog der Musiker weiter, denn er wagte es nicht, allzu lange vor dem Fenster der Prinzessin zu verweilen.
An nächsten Abend zur gleichen Stunde aber kam er wieder dort vorbei und wieder sah er die in Weiß gekleidete Prinzessin am offenen Fenster sitzen, als hätte sie ihn erwartet.
Und in der Tat hatte sie das, ihr Herz klopfte, als sie die Melodie näher kommen hörte, sie genoss es zutiefst zuzuhören und als der Musiker sich langsam wieder entfernen wollte, fasste sie sich ein Herz und rief ihm zu:
„Bleib noch, es ist so wundervoll, dich zu hören. Es ist, als ob zum ersten Mal ein Mensch mir nahe käme, bleib noch." Und er verweilte länger und spielte.
Später fragte sie nach seinem Namen und sagte, wie gern sie ihn sehen würde, denn er müsse ein wunderschöner Mensch sein. Zu diesen Worten schwieg er, aber Abend für Abend kam er wieder und sie sprachen in den Pausen zwischen den Melodien viel miteinander.
Manchmal sang er und manchmal sang auch sie.
Es kam die Zeit, dass die Prinzessin ihm gestand, dass sie ihn aus tiefstem Herzen liebte. Er konnte es nicht fassen, doch auch er fühlte eine nie gekannte Verbundenheit mit ihr.
Sie sprachen über viele Dinge des Lebens, auch über Mondtaus Hoffnung eines Tages wieder sehen zu können. Nie aber sprach er über seine Behinderung.
Eines Tages, viele Monate waren wie im Traum vergangen, sah er die Prinzessin am Abend ganz besonders fröhlich und ausgelassen im Fenster sitzen. Kaum war er nahe genug, rief sie ihm zu:
„Geliebter, meine Gebete wurden gehört. Meine Eltern haben weit entfernt in Indien einen weisen Doktor gefunden, der meine Krankheit heilen kann. Es ist eine besondere Operation. Schon sehr vielen Menschen hat er geholfen. Gleich morgen werde ich mich mit meinen Bediensteten auf die weite Reise machen. Es wird einen Monat dauern, bis ich dort bin, einen weiteren Monat bin ich bei dem Doktor, und im dritten Monat reise ich zurück. Dann aber werden wir uns wieder begegnen und ich bin so glücklich, denn dann, Geliebter, möchte ich, dass du mein Mann wirst."

Fassungslos schaute er hinauf und noch einmal spielte er all die Melodien, die zu den ihren geworden waren. Dann nahmen sie Abschied, mit einem zarten Gefühl von Trauer, er versprach ihr, innerlich auf der ganzen Reise an ihrer Seite zu sein und wünschte ihr allen Segen für die Operation.

Am nächsten Tag blieb das Fenster der Prinzessin dunkel, sie war schon abgereist, doch der Musiker kam Abend für Abend vorbei und spielte, nur jetzt mit einem Gefühl von Wehmut, seine Melodien.

Ein Monat verging, ein zweiter und nun auch ein dritter. Voller Sehnsucht, aber auch Bangigkeit, kam Trojanus Abend für Abend vorbei, doch das Fenster war noch immer dunkel. Im vierten Monat begann er, sich Sorgen zu machen. Ob Mondtau wohl etwas geschehen war? Ob wohl die Operation gelungen war?

Der fünfte Monat verging, im sechsten Monat waren die Melodien des Musikers voller Schwermut und Sehnsucht. „Habe ich wirklich gewünscht, dass sie das Augenlicht wiederbekommt und mich dann sehen kann?", fragte er sich und begann sich Vorwürfe zu machen, dass er ihr vielleicht nicht genügend gute Wünsche mit auf den Weg gegeben hätte. Am Ende des sechsten Monats hatte er nur noch den einen Wunsch in seinem Herzen, dass Mondtau geheilt zurückkäme – ganz gleich, was das für ihn bedeuten möge.

Und es kam, dass einige Tage später tatsächlich wieder Licht im Zimmer der Prinzessin leuchtete.

Er konnte es schon von Weitem sehen und sein Herz hüpfte vor Freude und Erregung.

Er kam näher, seine Lieder spielend, die Nacht war dunkel, aber dort, im geöffneten Fenster, sah er die vertraute Gestalt von Mondtau.

Sie rief ihm zu: „Endlich, ich habe mich so nach dir gesehnt. Nun endlich, Geliebter, kann ich dich sehen. Meine Reise hat viel länger gedauert, als wir alle dachten, aber sie war ein großer Erfolg. Ich kann wieder sehen wie in meiner frühesten Jugend." Er spielte jetzt noch einmal ihr liebstes Lied, war aber stumm. Nach einer Weile rief sie: „Komm, Geliebter, ich habe für dich viel Bettzeug zusammengeknotet zu einem Seil, das ich jetzt aus dem Fenster lasse. Daran kannst du dich emporziehen, hoch in mein Zimmer, ich möchte dich sehen und in die Arme schließen." Und sie warf das Seil hinunter, knotete es oben fest und rief noch einmal: „Komm!"

Langsam ging er hin und fasste das Seil, die Flöte im Gürtel verschnallt, und begann sich – mit sehr viel Mühe und bangem Herzen – emporzuziehen. Er war auf die Kraft seiner Arme angewiesen, denn in den Beinen hatte er keine Energie zum Klettern. Doch nach und nach kam er höher, wo er die fröhlich trällernde Stimme der Prinzessin

hörte. Sie sang eines ihrer alten, gemeinsamen Lieder. Jetzt erreichten seine Hände die Fensterbank und die Hände der Prinzessin streckten sich ihm entgegen. Er fasste ihre Hände und konnte sich jetzt leichter das letzte Stück emporziehen. Das Licht aus dem Zimmer fiel auf sein Gesicht und ganz nahe sah er nun die leuchtenden Augen von Mondtau. Eine weitere Anstrengung, und auch mit seinem Oberkörper war er nun über die Fensterbrüstung gelangt, sodass ihn das Licht des Zimmers erhellte. Er sah, wie die Augen der Prinzessin sich plötzlich veränderten, auch ihr Mund öffnete sich.
Noch ein Ruck, und auch seine kümmerlichen Beine waren jetzt voll und ganz im Licht.
In diesem Moment rief die Prinzessin mit erschrockenem Gesicht: „Iii, du bist ja hässlich", zuckte zurück und ließ seine Hände los, die sie gerade noch gehalten hatte. Das Herz schien ihm stehen zu bleiben. Er verlor den Halt und konnte sich gerade noch mit den Beinen am Seil aus Wäsche festklemmen, an dem er hart und schnell zu Boden glitt. Schmerzhaft zerschunden fiel er auf den Boden und, noch immer die Flöte bei sich, kroch er, so gut er konnte, fort.
Oben im Zimmer war die Prinzessin auf ihr Bett gestürzt, schluchzte, das Gesicht in die Hände vergraben. Alles um sie schien dunkel zu werden und eine tiefe, innere Leere breitete sich aus. Jenes wunderbare Gefühl, das mit dem Klang der Flöte verbunden war, schien fortzufließen. Statt dessen breitete sich ein Gefühl von Schmerz in ihr aus.
Am nächsten Tag wurde sie zu Hofe geholt, sie sah den prächtig geschmückten Innenhof des Palastes und begab sich zu Vater und Mutter in den Empfangssaal.
Doch wie betrübt waren alle, als sie das blasse, unbewegte Gesicht der Tochter sahen, die noch vor einem Tag so strahlend aus Indien zurückgekehrt war.
Heute waren die edelsten Prinzen des Landes zusammengekommen, um sie zu begrüßen und ihr ihre Aufwartung zu machen. Doch sie sprach kaum ein Wort und keiner von ihnen fand ihre Sympathie.
Am Abend, wieder allein in ihrem Zimmer, wartete sie vergebens auf das vertraute Spiel der Flöte. Ihre Gedanken waren jetzt voller Sorge um das Schicksal Trojanus'. Immer mehr wurde sie sich dessen bewusst, welchen Schmerz sie ihm zugefügt haben musste. Und sie merkte, dass ihr Gefühl für Trojanus keinesfalls erloschen war – im Gegenteil. Allein ihre Vorstellung aus der Zeit ihrer Blindheit entsprach nicht seiner äußeren Erscheinung. Jetzt hingegen umgab sie Schönheit und Pracht im ganzen Palast. Und doch versank sie Tag für Tag in größere Traurigkeit.

Was auch immer die Eltern aufboten, um sie zu unterhalten, blieb wirkungslos.
Am dritten Tag war ihr Kummer um Trojanus so groß geworden, dass sie beschloss, ihren Vater um Hilfe zu bitten. Sie erzählte ihm die ganze Geschichte und bat ihn alles zu tun, um Trojanus zu finden.
Der ließ in der Stadt nach ihm suchen, schickte Bedienstete ins Land, doch sie kehrten unverrichteter Dinge zurück. Niemand hatte Trojanus seit jenem letzten Abend gesehen. Keine Spur.
Nach diesen drei Tagen wusste Mondtau, dass nur sie Trojanus finden konnte. In der Nacht ließ sie das Seil aus dem Fenster und ließ sich daran hinabgleiten. Keiner durfte es bemerken. Sie lief vom Palast durch die jetzt menschenleere Stadt, ohne zu wissen, wohin ihre Füße sie trugen, bald, schon außerhalb der Stadt, lief sie auf schmalen Wegen. Der beginnende Neumond leuchtete schwach, doch es war ihr, als ob sie dem Lauf ihrer Füße vertrauen könne. Plötzlich vernahm sie von ganz fern und ganz leise den wohl bekannten Klang einer Flöte und lief weiter in diese Richtung, über eine Wiese auf einen Wald zu.
Der Klang des Instruments wurde deutlicher, je tiefer sie in den dunklen Wald hineinlief, wohin das Mondlicht nicht reichte. Nur von diesem Klang angezogen, tastete sie sich weiter, genauso sicher von ihrem Gefühl geführt wie damals, in der Zeit ihrer Blindheit. Immer klarer wurde der Klang, und auch der Wald begann lichter zu werden. Das Mondlicht schimmerte hindurch und sie konnte eine Vielzahl nie zuvor gesehener Blumen erkennen. Es schien, als bewegten sie sich mit der Melodie der Flöte. Jetzt war die Musik ganz laut, in unmittelbarer Nähe zu hören. Beim nächsten Schritt erreichte sie eine Lichtung, umgeben von Wald. Hier war das Zentrum der Musik, aber niemand war zu sehen. Nur eine wunderschöne rote Blume stand in der Mitte der Lichtung. Von ihr fühlte sich Mondtau überaus angezogen. Sie näherte sich ihr und kniete sich nieder um ihren zarten Duft einzuatmen. Als sie schließlich die Blüte mit den Lippen berührte, überkam sie eine solche Müdigkeit, dass sie gleich neben der Blume ins Gras sank und in Schlaf fiel.
Hier, träumend, empfing sie ihren Geliebten ganz, in einer Weise, die nur die beiden wissen. Und es war, als hörte sie eine innere Stimme zu sich sagen: „Du siehst nur mit dem Herzen gut.“ Am nächsten Tag erwachte sie, als die Sonne schon im Zenit stand. Sie fühlte sich erfüllt und vollständig, wie sie es vorher nicht gekannt hatte. Und sie öffnete die Augen um jene Blume zu sehen – und wie staunte sie, dass dort jetzt zwei Blumen gewachsen waren, einander wie Liebende spielerisch umschlingend.

Mondtau wusste, dass sich ihre Liebe erfüllt hatte. Und sie sprang fröhlich auf und lief zurück zum Schloss, wo sie mit Erstaunen und ebensolcher Erleichterung aufgenommen wurde.
Am späten Nachmittag hatten sich wieder Prinzen angesagt, die ihr die Aufwartung machen wollten. Mondtau empfing sie heiter und scherzend. Und dann warte da draußen noch einer, hieß es, der sich gar nicht, wie die anderen vorher, angemeldet habe. Mondtau ließ auch ihn hereinbitten.
Seine Kleidung war einfach, seine Augen blickten ruhig und tief.
Er ging aufrecht, nur eine leichte Unsicherheit beim Bewegen eines Beins war da. An der Brust trug er die Flöte.
Mondtau schaute ihm in die Augen, während sie sich erhob und langsam auf ihn zuging.
Was bleibt noch zu erzählen?
Sie wurden, anders als Romeo und Julia, ein lebensfrohes Paar. Und schenkten später dem Land noch weit mehr als ihre Melodien.

A: Das war wirklich eine schöne Geschichte. Ich habe sogar geweint.

B: Eigentlich war es ein Märchen.

A: Ich werde alles einfach wirken lassen.

B: Und deshalb geht hier, mitten im Leben, unsere Reise zu Ende. Es war schön, mich mit dir auszutauschen, Annelie.

A: Es war schön, dies für Sie, unsere Leserinnen und Leser, tun zu können.

B: Unsere unsichtbaren, aber fühlbaren Partner.

A: Wir haben unterschiedliche Häuser mit unseren Sprachbausteinen errichtet.

B: Und dabei viel über die Bausteine selbst und ihr Zusammenspiel gelernt.

A: Vieles in mir hat sich bewegt und ordnet sich neu.

B: In mir auch.

A und B: Auf Wiedersehen.

A: Und viel Spernst bei Ihren eigenen Gesprächserfahrungen – in Gedanken sind wir weiter mit dabei.

B: Vielleicht hören Sie ja innerlich manchmal unsere Fragen und Kommentare.

Phantasiereisen

Entdecken

Teil IV:
Nach innen hinaus

Drei Beispiele aus der unerschöpflichen Welt der Phantasiereisen mögen Ihnen in diesem Abschnitt zu Inspiration, Bereicherung und zur Vertiefung der im dritten Teil des Buches dargestellten sprachlichen Möglichkeiten dienen.

Die erste und die zweite Phantasiereise bestehen am Anfang und am Ende aus einer einleitenden beziehungsweise einer zurückführenden Entspannungsphase nach Sprachmustern des Milton-Modells. Ziel dieser Induktion ist es, die Hörenden in einen tief entspannten und für die Hauptgeschichte besonders aufnahmefähigen Zustand zu führen. Der Mittelteil wird von einer speziellen metaphorischen Geschichte gebildet, die unbewusste und ganzheitliche Lernprozesse, neue Einsichten und positive Bezugserfahrungen, Ressourcen, vermitteln will.

In der dritten Phantasiereise wurde auf diese sprachliche Hineinführung verzichtet, da diese Reise Teil eines Integrationsprozesses war, der von den Beteiligten körperlich selbst dargestellt und vorbereitet wurde. Der optimale Aufnahmezustand wurde dort also auf andere Art erreicht.

Erste Phantasiereise: Die „Nehcsnem"

Vorbemerkungen

Die erste Reise, „Nehcsnem", ist ein Transkript aus einem Seminar und entstand in mir nach einer Idee von Robert Dilts. Dargestellt wird eine andere Sicht auf das Leben, auf das Älterwerden – und darauf, was Entwicklung wirklich bedeuten kann.

Text der Reise

Du befindest dich hier an deinem Ort ... du weißt, wie spät es ist ... und du weißt, es ist Zeit, am Ende eines arbeitsreichen Tages – und eines erlebnisreichen Tages – einfach loszulassen und nur noch da zu sein ..., so vielleicht, wie andere Wesen, die da draußen sind, wie das Gras zum Beispiel, der Wald und die Vögel, die einfach da sind und tun, was gerade gut für sie ist, ... dabei ist es dir möglich, dich sicher und ruhig auf deinem Stuhl oder auf der Unterlage wiederzufinden, und du kannst spüren, wie dein Körper damit in Kontakt ist. Vielleicht nimmst du wahr, wo dein Rücken ist, oder dein Gesäß, oder wo die Beine hin mögen und kannst dich zurechtrücken, sodass du richtig bequem sitzt oder liegst ... und dann deine Hände – vielleicht sind sie auseinander, vielleicht berühren sie sich ... und deine Beine, die den Boden berühren, vielleicht nebeneinander oder übereinander geschlagen, ... und diese Stimme, die vielleicht sogar langweilig daherredet, gleichmäßige Worte ... Pausen zwischen den Worten ... gar nicht so wichtig, was die Stimme sagt ... denn es ist viel besser, innerlich loslassen zu können, abzuschalten, ... nur noch da sein, ... zu wissen, wo du hier bist, was draußen ist, vielleicht die Augen geschlossen zu haben oder noch nicht – und was wohl deine Augen dabei wahrnehmen – ist es das Halbdunkel hinter den geschlossenen Augen? Oder etwas ganz anderes? ... Irgendwo da draußen die Welt, ... und hier dein Ort, ... dein Körper, dein Kopf, ... deine Augen, ... deine Brust ... manchmal sogar können wir uns weiter und größer fühlen ... und manchmal, hinter geschlossenen Augen, die Aufmerksamkeit nach innen richten.

... ein Raum dort, der sich fast endlos nach innen hin fortsetzt, weit über die Grenzen des Körpers hinweg, denn von innen ist dein Körper nur noch Gefühl, ... Gefühlswolken, ... und oben im Kopf, in deiner Brust ... ohne feste Grenzen ... Empfindungen können sich grenzenlos fortsetzen, als kämen sie aus dem Nichts ... und du hörst diese Worte, es ist ein Hören ohne Ohren – und das Halbdunkel jetzt wie ein Sehen ohne Augen – und das Fühlen deines Körpers wie ein Fühlen ohne Körper ... und doch ist alles da ... weil die Grenzen

zerfließen, in jeder Richtung offen sind, draußen ist das andere Leben, auch das deine, das weitergeht, und du kannst empfinden, dass für alles gesorgt ist und du geborgen und sicher hier bist … denn es ist gut, dass es die Welt da draußen gibt, gut, dass es die Welt da drinnen gibt, und vielleicht sogar gibt es eine Welt dazwischen, einen Raum, in dem beide sich begegnen. Du hörst weiter meine Worte, und kennst das Wetter draußen – manchmal schon hast du so dagesessen, und einfach gedöst, an manchen Tagen hast du gern die Hände in den Schoß gelegt, oder du hättest es so gern getan – nur für eine Weile, wie die Zeiten des Jahres ihre Pausen haben, und immer wieder zurückkommen – der Frühling oder der Herbst, der Sommer oder der Winter – wie viele Jahre hast du das schon erlebt, manchmal ganz bewusst, manchmal warst du viel draußen, bist umhergegangen mit deinen Gefühlen in deiner Jahreszeit, manchmal hast du die Natur ganz vergessen, kaum wahrgenommen, doch irgendwann war sie frisch und roch und war voller Farben. Vielleicht nicht nur als Kind.

… Ich denke jetzt an den Frühling. Er hat seine Zeit und seine Qualität, und du hast den Frühling erlebt hier in diesem Land, vielleicht hast du ihn auch woanders erlebt, in anderen Ländern, oder vielleicht warst du in einem Land, wo es gar keinen Frühling gab … gut, diese Unterschiede zu kennen, hier oder dort, wie der Unterschied von innen und außen … denn innen im Körper kann es warm sein, wenn es außen kühl ist, innen kann es trocken sein, und außen regnet es, und innen kann dein Geist fliegen, wenn alles draußen an seinem Ort bleibt … deshalb werde ich nun für dich langsam von eins nach zehn zählen, und dann, wenn wir bei zehn angekommen sind, bist du eingeladen, innerlich eine kleine Reise zu beginnen, dorthin, wo alles verändert ist, ganz anders als bisher, und ich beginne bei eins, und jeder Atemzug, der dich begleitet, lässt dich wissen, dass du sicher bist, in deinem Körper … nach zwei, dass du einfach alles fallen lassen kannst, und einfach du selbst sein kannst, … nach drei, jedes Wort ein Stückchen mehr Wohlgefühl, … nach vier, wie ein Kind, wenn es spielt, an einem Frühlingsmorgen, … nach fünf, wo alles noch ganz frisch ist, gereinigt vom Tau der Nacht, … manchmal gibt es Geräusche, wie von fern, wo dann wieder alles ruhiger wird, … Worte langsamer werden, … nach sechs, und das Bewusstsein, dass der siebente Tag, der Sonntag, der Tag der heiligen Ruhe ist, und dass jede siebente Minute, eine Minute der Ruhe ist, … nach sieben, … eine Zahl zwischen innen und außen, zwischen Ruhe und Anspannung und wieder Ruhe … nach acht, … und drei mal drei … nach neun, … eine abgerundete Zahl, zu einer Ruhe, die größere

Sicherheit gibt, … nur eine Zahl zu hören und einfach alles geschehen lassen zu können … zehn.

… Während die Menschen auf der Erde ihr Leben lebten, und viele Dinge gelernt haben, vieles getan haben, und vieles erforscht haben, … gab es immer schon ganz woanders auf einem fernen Planeten andere Wesen als die Menschen. Diese anderen Wesen waren hoch entwickelt und von außerordentlicher, aber sonderbarer Intelligenz. Sie mochten es, die Welt zu erkunden … und in einer Zeit, als die Menschen noch gar nichts von ihnen ahnten, kamen sie zur Erde – in ihrem kleinen Raumschiff. Sie kamen und beobachteten das Leben der Menschen, sie wollten von ihnen etwas lernen für ihr eigenes Leben, für ihren eigenen Planeten, … Ich weiß nicht genau, wann es war, vielleicht auch gar nicht allzu lange her, als sie bei uns landeten. Die Wesen, die aus dem Raumschiff stiegen, schauten sich alles an und bald staunten und wunderten sie sich sehr über das Leben der Menschen, sie erkannten: Diese Menschen sind sehr, sehr kluge, fleißige und interessante Wesen, sie tun viele erstaunliche Dinge, aber irgendetwas in dem Leben der Menschen verläuft verkehrt herum. Die Wesen wollten gern von den Menschen lernen, aber sie wollten das, was dort verkehrt herum geht, richtig herum machen. So lernten sie eine ganze irdische Lebenszeit bei den Menschen, schauten sich an, was ihnen gefällt und was ihnen gut tut, dann flogen sie zurück.

Schon unterwegs beschlossen sie, in Anerkennung der Menschen, sich selbst einen neuen Namen zu geben – und sie nannten sich Nehcsnem, was Menschen rückwärts gelesen bedeutet, und darin lag auch ihre große Idee, die sie von der Erde mitgenommen hatten …

… Sie wollten alles, was es so im Leben der Menschen gab, genau so tun, nur rückwärts, … und als sie auf ihrem Heimatplaneten angekommen waren, begannen sie ihre neue Lehre zu verkünden, und all die anderen Bewohner dort mochten diese Lehre sehr … und so entstand der Planet der Nehcsnems, wo alles andersherum vor sich ging, … es ist sehr interessant, diesen Planeten kennen zu lernen. Wir Menschen haben noch nicht solch schnelle Raumschiffe, wir können noch nicht so weit fliegen, aber im Geist können wir es, … und genau auf diese Art können wir jetzt mit einer kleinen Reise einen Gegenbesuch unternehmen – einen Besuch bei den Nehcsnems – und uns vorstellen, wie leicht es ist, in einem besonders geeigneten Raumschiff, … während dein Körper hier ruhig und wohl versorgt an seinem Ort bleibt, … innerlich auf die Reise zu gehen – jetzt … langsam einzusteigen … alles ist vorbereitet … und langsam aufzusteigen …

über diesem Ort, ... immer höher, mit dem Wissen, dass für alles gesorgt ist, ... höher ... so hoch, dass die umgebenden Städte, Dörfer und Landschaften unter uns liegen, ...

Vom Raumschiff aus ist alles zu sehen, ... weit hoch über dem ganzen Land, ... und es ist schön, einfach so fliegen zu können, zu wissen, dass dein Unbewusstes den Weg kennt, ... erstaunlich, wie leicht es geht, ... und wie du die Erde aus immer weiterem Abstand unter dir sehen kannst.

Wenn du von hoch oben so schaust, scheint auf der Erde alles sehr klein zu sein, die Menschen mit ihren Problemen scheinen einander sehr ähnlich zu sein – nur da unten scheint es vieles zu geben, was sehr, sehr unterschiedlich ist – von diesem Abstand aus betrachtet gibt es viel Licht und überall ist auch mal wieder Schatten, und alles bewegt sich darin hin und her. Weiter fort fliegen wir zu dem Planeten der Nehcsnem ... es ist interessant, einen neuen Planeten kennen zu lernen, ... und vielleicht vergeht eine Stunde, vielleicht vergeht ein Tag, oder ein Jahr, vielleicht viel mehr, ... und sind schon vergangen, ein erstaunlicher Flug ... und da sehen wir bereits von fern einen blauen Planeten, blau wie die Erde ... vertraut wie die Erde, ... wir nähern uns diesem Planeten, dies kann nur das Reich der Nehcsnems sein, jeder weiß das, ... kommen langsam herunter, ... weiter, ... tiefer, ... tiefer ... noch ein kleines Stück, und kommen an ... du kannst aussteigen, um dich umzuschauen ... während dich die Stimme des Reiseführers begleitet ... Die Landschaft ist grün hier und blühend, wie es die Erde in ihren schönsten Tagen vielleicht einmal war.

Und doch ist etwas von Grund auf anders: Auf dem Planeten der Nehcsnems verläuft das Leben andersherum, als auf dem Planeten Erde ... Wir sind eingeladen, das Leben der Nehcsnem kennen zu lernen.

Die Nehcsnems dort werden im hohen Alter geboren, sie kommen auf die Welt, und sind wirklich alt und schwach, sie müssen nicht mehr arbeiten, und in diesem Alter sorgt die Familie oder sorgen die Freunde für sie, aber sie nehmen freundlich Anteil, ihre Enkel sind da, die Kinder und die Urenkel sind da, so verleben die Nehcsnems die erste Zeit und vielleicht die ersten Jahre ihres Lebens, dann werden sie älter – und eben das heißt bei den Nehcsnems: Sie werden jünger, sie bekommen wesentlich mehr Kraft, können sich freier bewegen und sie unterhalten sich viel mit anderen Nehcsnems, dabei haben sie die ganze Lebenserfahrung und die Weisheit eines erfüllten Lebens ... und sind doch erst wenige Zeit auf der Welt, sie genießen die Muße und die Schönheit des Abends, aber auch die Stille des Morgens, doch auch die Tage verlaufen anders. Ein Tag beginnt am Abend, dann geht die Sonne auf, jeder hat Ruhe und Muße – genießt die Zeit mit den Nehcsnems zusammen, die er oder sie mag, dann kommt die Zeit des Nachmittags ..., dann der Mittag, ... jede und jeder ist schon wieder voller Kraft für den Morgen, ganz ausgeruht, beenden sie den Tag. Dabei werden die Nehcsnems täglich älter, das heißt jünger, und indem es immer mehr Dinge sind, die sie tun, nehmen sie zunehmend Anteil am Leben und erzählen viel – und ihre Worte haben Gewicht, ...

... manchmal schweigen sie, besinnen sich einfach nur auf ihr Sein – und während sie dabei weiter älter werden, kommt die Zeit, wo sie beginnen zu arbeiten, ihren Beruf auszuüben, vielleicht den, den sie schon ihr ganzes späteres Leben lang ausgeübt haben, jede Handbewegung und alles, was sie tun, geht so automatisch, dass sie kaum daran zu denken haben, alles geht wie von selbst, und es macht Spaß, so einfach vertraut zu sein. Sie sind Meister, sie werden um Rat gefragt, und wissen, wie die Dinge sind ... sie leben zusammen mit denen, die sie mögen, ... teilen, was sie haben, untereinander auf, ... dann werden die Nehcsnems wieder älter, das heißt jünger ... und es kommt die Zeit, wo ihre Schaffenskraft steigt ... die Zeit, wo sie Dinge verwirklichen, die sie irgendwann einmal, in ihrer Jugend, wenn sie noch älter geworden sind, gedacht haben werden ... ihre Ideen, die sie leben, sind vielleicht einmalig, und jede und jeder Nehcsnem hat einen eigenen Beitrag, um das Leben in der Welt zu verbessern ... und tut das auf einmalige Art ... und aus der Arbeit entsteht großer Nutzen – alles wird wieder, wie es der Natur schon immer entsprochen hat ...

Die Nehcsnems können manchmal ganz versunken sein in ihre eigene Welt, und sie werden älter, das heißt jünger, und ihr Geist lebendiger und frischer, voller Ideen, und manchmal applaudieren andere, wenn sie ihre Ideen bekannt geben, und es gibt Zeiten und Orte, wo sie sich versammeln, und in dieser Zeit sind sie voller Neuigkeiten, und die Welt ist aufregend ... mit ihrem Partner oder ihrer Partnerin erleben sie ebenso aufregende Dinge und werden dann weiter älter, das heißt jünger, und bald kommt die Zeit, wo sie ganz viel lernen ... von anderen Nehcsnems – alles Wissen aufnehmen, Bücher lesen und Lehrer haben ... und auch alles andere im Leben der Nehcsnems geht rückwärts, auch die Umwelt wird auf wunderbare Art immer heiler, Abfall wird zurückverwandelt in Rohstoffe, geht wieder zurück in die Fabriken ... und in den Fabriken wird alles zerlegt, ... in die einzelnen Bestandteile, dann zurück in die Natur ... die Natur wird immer kraftvoller und reichhaltiger, während die Nehcsnems immer jünger werden, ... selbst Kriege verlaufen andersherum, als bei den Menschen ... es gibt vielleicht anfangs zerstörte Häuser, aber dann heben sich die Bomben aus ihnen heraus, steigen hoch und springen in die Flugzeuge hinein, und die Flugzeuge fliegen rückwärts zurück in die Flughäfen, ... zu den Flugzeugen kommen Autos und nehmen die Bomben auf und bringen sie in eine Fabrik, sie werden dort zerlegt, in all ihre Bestandteile, in die Rohstoffe, welche die Erde zurückerhält, ... und während die Nehcsnems immer jünger werden, erleben sie die Zeit ihrer Ausbildung, ... doch während dieser Zeit können sie sich zugleich daran erinnern, wie es war, damals, als sie jünger, das heißt älter waren, und im Beruf schon vollkommen, und alles konnten, ... jetzt ist auch die faszinierendste Zeit für das andere Geschlecht, ... vielleicht finden sie jetzt ihren Partner, mit dem sie ihr ganzes Leben zusammengelebt haben, ... oder finden sich probierend vielleicht manchmal in fremden Betten, ... die Nehcsnems wissen, was das Richtige für sie ist, sie erinnern sich an die Zeit, als sie jünger waren, das heißt älter, ... und das Leben der Nehcsnems geht weiter, und die Schulzeit ist da, und alles ist ganz spannend und aufregend, was sie erfahren, aber doch ist in ihnen die weise Erfahrung des Alters verfügbar, ... die Welt wird farbiger und bunter, immer mehr Freude macht es, zu spielen mit anderen Nehcsnems, ... alle Nehcsnems haben die gleiche Nationalität und sprechen die gleiche Sprache, es ist die Sprache des Spiels ... die verstehen alle Kinder, weil sie wissen, was Freude macht, ... das Leben der Nehcsnems verläuft so weiter ... Es ist voller Staunen und Neugier, und jeder Tag eine neue Entdeckung, ... die Welt ist bunter geworden und die Natur ist näher gekommen, sie laufen umher, schreiben und spielen, alles fühlt sich so intensiv an. Zu Hause bei den Eltern, die noch nicht so lange auf der Welt sind, sind sie geborgen und bekommen alles, was sie brauchen ... Sie behandeln die Eltern mit Achtung ... und die Eltern behandeln die Kinder mit Achtung, denn sie wissen um den Lebensweg, den ihre Kinder zurückgelegt haben, und werden ihnen folgen ... Es kommt die Zeit vor der Schule, wo es nur ums Spielen geht, ums Da-Sein, denn spielen heißt lernen, und lernen heißt genießen, und mit den vielen Dingen, die da zu erfahren sind – die Welt eine Entdeckungsreise – werden die Nehcsnems weiter jünger und jünger, ... ganz klein, und alles um sie herum groß, so groß, dass es Spaß macht, daran hoch zu klettern, vielleicht auf den Arm eines älteren Nehcsnems, oder sich an den Rockzipfel zu hängen, bei der Mutter, oder miteinander zu balgen, ... und sie werden dabei weiter älter, und das heißt jünger, und es kommt die Zeit, die wunderbarste Zeit im Leben eines Nehcsnems, ... wo eine oder einer einfach nur so da sein kann, spielen, laufen, ein wenig sprechen, in der allen verständlichen Nehcsnem-Sprache, ... sie bekommen alles, was sie möchten, was sie brauchen, und lernen, danach zu fragen, ... und werden noch jünger, finden sich jetzt vielleicht in einem Bettchen, dann vielleicht in den Armen einer Mutter, und in den Armen eines Vaters, und sie werden kleiner ...

... und sie sind ganz erstaunt, über das Licht der Welt ... und darüber, wie sich alles bewegt, ... nun kommt die wunderbarste Zeit, es ist, als ob sie es sich in einer Höhle gemütlich gemacht haben, ... ganz warm ist es da, und jeder Nehcsnem fühlt sich so geborgen, der Eingang durch diese Höhle war spannend, ... und er hat sich gelohnt – sie sind drinnen, und es ist so, als ob sie hier immer bleiben möchten, es ist ganz für sie gesorgt, ein Gefühl, als ob sie ein Teil der Höhle sind, sie vergessen, dass sie einzelne Wesen sind, sind eins mit der ganzen Welt, ... werden jünger und kleiner, verändern dabei auch ihre Form, ein Organismus aus Zellen ... jede Zelle hat ihre eigene Funktion, hat ihre eigene Farbe, es gibt Gruppen von Zellen, die sich zusammengeschlossen haben, ... in diesem Stadium ist es so, dass ihre Form immer mehr einer Sonne zu gleichen scheint, einer Sonne aus vielen, vielen Zellen, die dort frei schwebt in der Höhle, diese Sonne ist voller Liebe, ... Licht, Kraft und Leben, ... sie wird kleiner und kleiner, bis schließlich nur eine einzelne Zelle da ist. Und das Leben eines Nehcsnem findet seinen Abschluss im Blick von zwei verliebten Augenpaaren vor deren Vereinigung.

Zur gleichen Zeit wird gerade eine neue Nehcsnem geboren, in hohem Alter, und sie geht diesen Weg zurück, den Weg zur Vollkommenheit und Ursprünglichkeit.

Es ist gut, sie besucht zu haben, wir können so viel von den Nehcsnems lernen – und all das mitnehmen für unser eigenes Leben, was uns wichtig und nachahmenswert ist ... unser Raumschiff wartet schon wieder auf uns, wir werden es nun wieder besteigen und langsam die Rückreise antreten, ... wir winken den Nehcsnems zu ... und irgendwie ist es ein Gefühl, als sei in jedem von uns ein Nehcsnem mitgekommen ... langsam kehrt das Raumschiff zurück, vielleicht vergehen Jahre, vielleicht Tage ... alles was du erlebt hast und weiter erlebst, kann dein Unbewusstes für dich verarbeiten und nutzbar machen … das Raumschiff fliegt durch eine große Weite, zu jenem Ort, wo wieder ein blauer Planet zu sehen ist, wo es Licht und Schatten gibt, es kommt langsam näher, vielleicht empfindest du nun ein freundliches Gefühl für diesen Planeten Erde, der vor uns liegt … von Weitem so harmlos, aber auch ein wenig leidend … vielleicht magst du ihm ein klein wenig deiner Liebe geben, denn dies ist dein Planet … und langsam kannst du deinen Weg zurück zu dem Ort finden, von dem aus die Reise begann, während ich für dich zurück von zehn nach eins zähle und du mit zehn, … deinen Körper spürst, deine Füße und deine Beine, nach neun, … und die Arme können anfangen, sich zu bewegen, nach acht, … du kannst ganz tief einatmen und wieder aus, … nach sieben, … vielleicht ein kleiner Dank an deinen Atem, dass er dies schon ein Leben lang für dich tut, … und spüre, dass du viel Weisheit von dieser Reise mitgenommen hast, nach sechs, … draußen noch immer das gleiche Wetter, nach fünf, … und um dich herum wieder alles, was es zu hören gibt, nach vier, … und in dir die Erfahrungen, die mit dir gehen nach drei, … du magst dich vielleicht auch strecken und gähnen, nach zwei, … denn es ist gut für dich, zu spüren, dass du ganz da bist … nach dieser Reise … dein Atem geht freier, deine Augen können sich öffnen und gucken, ob hier alles noch in Ordnung ist, … ruhig und erfrischt da sein, … nach eins.

Zweite Phantasiereise: Quellen des Wachstums

Vorbemerkungen

Die zweite Phantasiereise „Die Reise zu den Quellen des Wachstums“ habe ich neben drei anderen zur Vertonung in einer Kassettenserie mit Doppelinduktionen getextet (Hypno-Synchron-Kassetten – siehe Literaturverzeichnis). Hier sprechen eine männliche und eine weibliche Stimme nacheinander und teilweise sogar gleichzeitig, was über Stereokopfhörer besonders intensive hypnotische Effekte und eine Integration der Hirnhemisphären bewirkt. Die aufeinander abgestimmten Texte werden in ihrer Wirkung verdichtet und vervielfacht.

Inhaltlich geht es hier um tiefe, symbolhafte Erfahrungen aus dem Lebensweg eines Menschen, um Verbundenheit (Bonding), Erlaubnis und Reinigung.

Text der Reise

Du hast dir die Zeit genommen, dich zu entspannen … und erinnerst dich vielleicht an das letzte Mal, als du ganz ruhig und gelöst warst … wie es sich anfühlt, wenn du deinen Atem spürst, der deinen Brustkorb und deinen Bauch in sanften rhythmischen Wellen auf und ab bewegt.

Und dass sich diese Schwingung ausbreiten kann in deinem Körper. Über die Haut, die Muskeln, bis hin zu jeder Zelle, und dich ganz einbettet in diesen ruhigen und sanften Rhythmus, den du vielleicht erst jetzt bemerkst und der dir ein sanftes Gefühl schenkt, … ein Geborgensein mit deinem Körper, ein innerer Gleichklang. Und während du spürst, wie glatt deine Stirn sein kann – wie die Oberfläche eines Sees an einem ruhigen, windstillen Sommertag – kannst du mit deiner Aufmerksamkeit sanft über deine Kopfhaut streichen, bis hin zum Nacken. Das macht vielleicht, dass sich dein ganzer Kopf freier anfühlt, oder leichter, von deiner Wirbelsäule leicht gestützt, von jedem Wirbel, während dein Atem, den du spüren kannst, der dir Leichtigkeit schenkt, dich mit auf eine kleine Reise nimmt. Und du kannst dir jetzt vielleicht eine Treppe mit zehn Stufen vorstellen. Und diese zehn Stufen bringen dich hinunter an einen ganz besonderen, wunderschönen Ort, einen Ort, wo du die Geschichte, die wir dir erzählen werden, auf eine ganz besondere Weise aufnehmen kannst. In einer Art, die dich vielleicht jedes Mal etwas anderes erleben lässt. Und während ich rückwärts von zehn bis eins zähle, kannst du dir vorstellen, diese Stufen sanft und sicher hinunterzugehen – und du kannst spüren, wie sich dein Körper Stufe für Stufe mehr entspannt … Wie er fast hinunterschwebt, sich immer tiefer entspannt … und sich dabei warm und schwer, oder leicht und kühl fühlen kann … du beginnst mit zehn … erlaubst dir, dich zu lösen … und gehst nach neun … fühlst dich frei und gibst dir Raum, … nach acht … wirst sanfter und weicher … gehst immer tiefer … nach sieben … entspannst dich noch ein wenig mehr … jede Zelle deines Körpers … und bei sechs … ist dein Inneres gelöst und offen für den Schritt weiter nach fünf … zu dir … dich nach innen fallen lassen … zu vier … immer noch weiter loslassen … liebevoll dich weitergehen lassen nach drei … kommst du dem tiefsten Zustand näher … immer noch tiefer zu zwei … völlig losgelassen und tief entspannt … nach eins.

Weibliche Stimme:

Seit Langem schon sind sie unterwegs,
auf der Reise ins Land ihres Ursprungs.
Allein der Wind weiß, wohin der Weg
führt, hin zu den Kräften der Quellen.
Die Menschen in diesem Schiff sind
Kinder geworden, Jungen und Mädchen.
Ein kleines Kind ist dir sonderbar nahe.
Da ertönt der Ruf des Jungen im Ausguck
„Land in Sicht – vielleicht unser Land.“
Das kleine Kind schaut auf hügeliges Land –
es ist grün bewachsen,
doch etwas daran ist ganz anders,
als es das bisher kannte,
denn da und dort aus der Landschaft
steigen farbige Nebel nach oben.
Sie scheinen aus der Erde zu kommen.
Das Segelschiff voller Kinder legt an.
Am Ufer warten freundliche Männer
und Frauen. Eine Frau ruft:
„Willkommen zu Hause.
Jeder kann hier finden,
was ihm gefehlt hat. Und damit kann
jeder auf seine Weise leben.“
Sie gehen an Land.
Das kleine Kind fragt sich staunend:
„Was werde ich hier finden – und wie?“
Noch als es das denkt,
steht neben ihm jene Frau.
Ihr Gesicht ist ihm so seltsam vertraut.
Sie spricht mit warmer Stimme:
„Kind, ich habe dich seit Jahren erwartet.
Als ich früher bei dir war, sind wir

Männliche Stimme:

Reisen weithin,
über Wasser,
nah oder fern schauen,
geschehen lassen,
wie früher …
als Kind, als du so viel spürtest
vertraut
die Welt
entdecken, neue Strände
finden,
erleben
und staunen.
Das Spiel
der Farben,
Pastell und Blau
und Grün,
am Ufer angekommen,
lächelnd aufnehmen
was gut tut.
Stimmen,
gute Freunde,
Kinderträume
erwachen zum Leben.
Gemeinsam
heimkommen
zu dem Vertrauten,
von innen geführt.
Warme Augen
und sanfte Worte,
die ein Kind so gerne hört,
streichelnd, wie der Wind
an warmen Sommerabenden,

an vielem vorbeigelaufen, haben den
Weg nicht gesehen – in der Eile der Zeit.
Jetzt bin ich hier, um mit dir zu den
Quellen des Wachstums zu gehen.
Schau, überall wo Licht aus dem Boden
aufsteigt, entspringt auch ein Wasser.
In jedem ist Lebensenergie von ganz
besonderer Art."
Das kleine Kind sieht weithin im Land
farbige Nebel aus dem Boden steigen.
Sie sind hellrot, golden, violett, grün, weiß
und vieles mehr.
„Es ist die richtige Zeit", sagt die Frau. „Die
magischen Quellen sind wieder aktiv."
Und das kleine Kind spürt, wie
sein Herz weit wird,
während es zu den Lichtwolken schaut.
„Am Ursprung jedes Nebels
liegt eine Kraft deines Wesens,
und trinkst du von ihr,
kann etwas in dir sich entfalten,
das du schon lange gesucht hast."
Sie laufen und finden sich auf
dem Weg hin
zu einem roten Licht.
Sie kommen näher und spüren den leisen,
vertrauten Rhythmus ihrer Herzen.
Schon sind sie eingetaucht in rotes Licht.
Wie von selbst führt es sie vertrauensvoll
zu ihrer ersten Quelle inmitten des Nebels.
Da sprudelt ein duftendes Wasser hoch,
es ist warm – und sein Dampf steigt auf
zum Himmel, als roter Nebel.
Sie hocken sich nieder.
Die Frau sagt: „Das ist die Quelle der Liebe."
Das Kind trinkt
und fühlt dabei sanft und sicher
eine unsichtbare, warme Berührung
zwischen sich und der vertrauten Frau,
fast wie ein verbindendes Band
von Brust zu Brust. Ein Gefühl von

der flüsternd erzählt
von den
Quellen
des Selbst.
Den Alltag vergessen
lassend,
bringen sie dich näher
den Phantasien,
die du mit dem Herzen siehst,
die oft Gefühle
in sich tragen – von jener Art,
die sich weich
und weit
ausbreiten
in der Brust, vielleicht im
Bauch, die Zärtlichkeit
zu dir selbst strömen lassen.
Vertrauen
aus der Quelle,
Energien
öffnen
sich dir.
Etwas bewegt sich
vielleicht in dir,
fühlbar,
nahe
in der Einheit
der Bewegungen zur Mitte,
aus dir heraus mühelos
dort, wo die Energie ist,
unendlich
seit eh für dich
erreichbar
aufs Neue.
Wo sie sich öffnen,
empfangen die Menschen
zu jeder Zeit Liebe
aus unsichtbaren
Quellen, entdecken,
fühlen
ihre Verbundenheit

Erfüllung und Erleichterung. Sie sagt:
„Willkommen, du kannst nun geborgen
wachsen." Und das kleine Kind weiß:
„Ich werde geliebt und bin verbunden
mit der ganzen Natur." Auch die Frau
weiß, was das Kind empfindet.
So gehen sie weiter zum grünen Licht,
halten sich erst noch bei den Händen,
doch als sie jetzt eintauchen in das Grün,
läuft das kleine Kind einfach voraus,
voller Neugier und Energie.
Und es bemerkt, jene Schwingung der
Liebe bleibt erhalten, wohin es auch läuft.
Nun erreicht es das Wasser.
Sprudelnd grüner Nebel steigt daraus auf,
zieht eigenwillige Kreise in der Luft.
Das Kind muss lächeln.
Da hört es neben sich die Worte der Frau:
„Dies ist die Quelle der Freiheit. Sie gibt
dir die Erlaubnis zu verwirklichen,
was in dir ist:
zu laufen, zu springen, zu reden, zu lachen,
zu denken, zu handeln aus dir heraus,
im Einklang mit deinem Wesen.
Dafür lass uns jetzt trinken …
aus der Quelle der Freiheit."
Die Frau und das Kind beugen sich
zum sprudelnden Wasser,
es ist frisch und sie trinken.
Plötzlich wird alles hell und weit
um sie herum.
Da ist neue Kraft in dem Kind,
und Träume kommen ins Bewusstsein,
das eigene Leben zu gestalten.
Es weiß, es darf das tun.
„Ich will und ich kann glücklich werden,
frei entfalten, was in mir ist."
Dann schauen die beiden sich an, lächeln
und laufen weiter auf bloßen Füßen.
Beherzt und selbstständig läuft
das Kind – zugleich in der
vollständig, wissen
wieder
diese Wahrheit:
Ich bin geliebt und verbunden
mit der liebenden Natur –
in all ihrer Vielfalt, und es
ist gut, sie zu entdecken,
miteinander im Kontakt
bewusst das Vertrauen in
Freiheit erleben,
kraftvoll
laufen
im eigenen Rhythmus.
Und wieder freie Kraft
schöpferisch spielen
lassen,
die in jeder Gestalt
zu dir spricht
und Bilder erzeugt,
Lebensbilder, die aus dir
heraus entstehen,
sich vervollkommnen,
in Freiheit entfalten, ähnlich
den Blüten der Pflanzen,
die sich am Morgen öffnen,
oder das Gras,
das sich im Tautropfen
badet,
wenn die schillernden Farben
der ersten
Sonnenstrahlen
sich selbst
in dem kleinsten
Tropfen spiegeln.
So schmückt sich
die Natur,
ein Meer von Farben,
in dem Jedes Freiheit hat,
wie die Sonne, wenn sie höher
steigt, die Tautropfen
verwandelt, transformiert,

Schwingung der Liebe geborgen.
Sie bewegen sich auf einen violetten
Nebel zu, der vor ihnen am Himmel
aufsteigt. Und als sie näher kommen,
tauchen sie ein in das Violett.
Und du bist dabei.
„Bevor wir nun weitergehen“, sagt die Frau
zu dem Kind, „lass uns ein Bad nehmen,
dort ist ein See, das Wasser nimmt
alles Unnötige auf, das, was wir nun
nicht mehr brauchen, alles,
was wir ablegen möchten und weitergeben,
wandelt es um in den Urgrund der Stoffe,
gibt es der Natur zurück.“
Vor ihnen erscheint ein klarer See,
einladend, wie geschaffen zum Baden.
Sie waten hinein und schwimmen umher,
und mit jeder Schwimmbewegung
spürst du, dass alles,
was du nicht mehr brauchst,
was Last geworden ist,
vom Wasser aufgenommen wird,
von innen nach außen.
Und das Wasser zerteilt alles
in seine feinsten Teile, um sie in den
großen Kreislauf zurückzuführen.
Während sie nun weitergehen,
sagt die Frau zu dem kleinen Kind:
„Bisher habe ich dich geführt.
Nun gehe du selbst zur nächsten Quelle.
Suche voll Vertrauen jene,
von der du noch trinken möchtest.
Ich werde dich begleiten.“
Das Kind schaut umher im Land,
sieht farbige Nebel hier und dort aufsteigen,
aus der Landschaft. Und eine andere Farbe
zieht es an, ja, das ist die richtige.
„Dein Unbewusstes weiß, was in der
nächsten Quelle für dich verborgen ist“,
sagt die Frau. „Lass dich von deinem
Inneren führen, und erlebe es selbst.

um alles
in den Kreislauf der
Stoffe zurückzuführen,
wieder in Nebel zu
verwandeln, freudig
die Farben sehen
in Bewegung.
Wie mag es sein,
einzutauchen
mit allem, was da ist,
bereit für das Neue,
und Erleichterung
von alter Last zu suchen
und Transformation
zu finden,
loslassen,
alles frei und für sich selbst
den Elementen zurückgeben,
dass sie es
transformieren,
verwandeln,
durch die Zeit,
im Austausch
von Sonne und Wasser,
in dem alles Leben
geboren wird,
aufs Neue
jeden Tag
bis in die kleinsten Zellen
sich frei entwickeln,
in denen universales Wissen
wohnt, bereit, sich dir
zu öffnen,
und jede Farbe ist Symbol
für eine Erfahrung, die etwas
verändern kann.
Das Wissen darum ist in dir,
und führt deine Schritte.
Du siehst das Licht,
deinen eigenen Weg,
dort liegt es, was du suchtest,

Laufe zu einem besonderen Licht, das dich
anzieht, dem du seit jeher nahe bist,
und trinke, wovon du träumtest.
Nimm es in dich auf."
Wie im Traum läuft das Kind weiter.
Ein besonderes Licht beginnt,
es mehr und mehr anzuziehen,
während die Landschaft vertraut bleibt,
doch irgendwie anders ist, als sonst.
Sie tauchen in das Licht ein
und das Kind erreicht seine Quelle.
„Nur du weißt, welche Energie du aus
dieser Quelle aufnimmst."
Das Kind beugt sich und trinkt das Wasser.
Es spürt, dass es genau das ist, wonach es
sich lange gesehnt hat,
und ein prickelndes Glücksgefühl
durchströmt seinen Körper.
„Nun hast du alles, was du lange verloren
glaubtest, wieder bei dir."
Das Kind weiß, dass die Quellen
des Lebens in ihm weiterfließen werden.
Es spürt: „Hier ist die Reise vollendet."
Es schaut in die lieben, vertrauten Augen
der Frau. „Ich bin gewiss", sagt sie,
„du wirst, was in dir ist, in diesem Leben
entfalten. Auch für mich hat sich etwas
erfüllt." Und beide spüren das Band
aus Liebe, die sie seit Anfang der Reise
verbindet.
Eine Verbindung, die da ist,
auch wenn sie ganz eigene Wege gehen.
„Ich bin frei und empfinde doch Liebe",
denkt das Kind. „So wird die Zukunft gut.
Alles, was ich hier wiedergefunden habe,
bleibt mir, überall, wohin ich gehe und
wo ich es brauche."
Das Kind blickt in die Zukunft.
Sie ist voll Licht.
Dann schaut es sich noch einmal
um, sieht all die verschiedenen Farben

früher schon,
den eigenen Weg
schließlich finden,
an diesem Ort, wie anderswo,
immer noch träumend,
erfüllen,
was dich bewegt,
an diesem Ort,
gestern und morgen
verändern
mit deinen Gedanken,
heute empfangen wir
den Kelch
des Lebens
in seiner Fülle,
denn immer ist
Gegenwart,
überall,
inmitten
der Zeit verändern
Menschen
sich selbst.
Kreise wollen sich
schließen.
Gewissheit,
angekommen zu sein.
Nach dieser Reise
wird
vieles
anders sein
als bisher,
für dich, für uns,
für sie,
die wir lieben,
gestern
oder schon bald.
Wir haben
Visionen in uns,
Richtungen
für das Leben,
Wege,

*über den Quellen in der Landschaft –
und ist sich bewusst: „All das ist in mir,
und ich kann es aufsuchen, wann immer ich
möchte. Meine Heimat, meine Energie,
mein Ort der Kraft seit meiner Kindheit.“
Als es so denkt, tragen es seine Schritte
zurück zum Schiff, dorthin, wo es
in Gewissheit und im Einklang mit sich
selbst größer werden kann.
Als das Kind das Segelschiff besteigt
und sich seinen eigenen Platz sucht,
stellt es überrascht fest: „Ich kann spüren,
wie all diese Farbenpracht, diese Worte,
die Liebe und die Zuneigung in mir wirken.
Es fühlt sich gut an,
hoffnungsfroh und warm.
Mit dem Segelschiff meiner Gedanken
ist mir dieser Ort jederzeit zugänglich.
Der Wind meiner Träume bringt mich
schnell dorthin, wann immer ich möchte.
Und ich weiß, dass diese Quellen weiter
fließen, Tag und Nacht, durch die
Jahreszeiten sich ständig erneuernd
und kräftigend.“*

*die wir gerne
laufen.
Außen wie innen
berühren sich
mit jedem neuen
Gedanken, mit jeder
Vorstellung,
jeder Bewegung,
inmitten
des Spiels,
im Austausch der Energien.
Auch du kannst spüren,
wie vielfältig deine Welt
sein kann.
Aus dir heraus
selbst gestaltend
und verwirklicht.
Sicher
bewegen
wir
uns
ins Helle,
innerlich frei
und wachsend.*

Und langsam kehrst du wieder zurück, in dem Wissen, etwas Wertvolles erfahren zu haben und in Verbindung zu sein mit all dem, was wichtig und sinnvoll für dich ist. Erlaube dir, es ganz in dich aufzunehmen und es nach deinen Wünschen und Vorstellungen für dich zu verwandeln. Du bist jetzt wieder an der Treppe, die in zehn Stufen nach oben führt. Nimm alle Erfahrungen, die nützlich und förderlich für dich sind, mit zurück nach … eins, dort kannst du dich frisch und ausgeruht fühlen … nach zwei, mit einem tiefen Atemzug … nach drei kommen und spüren, wie langsam dein Körper wieder erwacht … nach vier … und wieder das Bedürfnis spürt, sich zu bewegen … nach fünf … und dich zurück atmet … nach sechs … mit einem tiefen Atemzug, der dich wacher sein lässt, nach sieben … und du jetzt anfangen kannst, die Teile deines Körpers zu bewegen …, die dir helfen, dich in deinem Tempo wach zu machen … nach acht … dich bewegen und frisch fühlen, näher hier … und zu neun … dich zu strecken und zu räkeln, angenehm, dich wohl zu fühlen und ganz da zu sein … bei zehn.

Dritte Phantasiereise: Selbst-Integration

Vorbemerkungen

Dies ist das Transkript einer Phantasiereise aus dem Selbst-Integrations-Prozess innerhalb des gleichnamigen Seminars.

Der Text soll die Anwendung von Phantasiereisen für persönliche Transformationsprozesse im Rahmen eines größeren Kontextes deutlich machen. Es geht um Tod, Neugeburt, Versöhnung und um die Nutzung des eigenen Lebens gemäß den eigenen inneren Werten und Visionen. Zwischen Tod und Leben wird die Erfahrung der Leere zum Raum für neues Empfangen, für Lebenssymbolik und Neubeginn.
Der Prozess wurde durch Transformationsrituale von Naturvölkern inspiriert, in welchen die Beteiligten sich mit Grenzzuständen des Lebens konfrontieren, um Reifung und Erneuerung zu finden.

Die aufgezeichnete Phantasiereise ist Teil des folgenden umfangreicheren Ablaufes: Die Teilnehmer und Teilnehmerinnen haben in den zurückliegenden Tagen daran gearbeitet, tiefe persönliche Ressourcen und Energiequellen zu finden, die ihnen als tiefste, hinter ihren Verhaltensweisen liegende Intentionen erfahrbar wurden (ähnlich dem „Weg zur inneren Quelle“ von Connirae und Tamara Andreas, siehe Literaturverzeichnis).

Weiterhin haben die Teilnehmer zwei Erscheinungsformen ihrer Persönlichkeit herausgearbeitet und beiden charakteristische, ausführliche Namen gegeben. Diese wurden auf Zettel geschrieben und im Verlauf der Phantasiereise als Anker zur Erinnerung an die beiden Persönlichkeitsanteile verwendet:

- zum einen das entfaltete, freie Selbst, welches seine Möglichkeiten lebt,
- zum anderen das behinderte, abhängige Selbst, welches verschiedene Lasten trägt.

Zu Beginn der Reise hat jede und jeder das eigene eingeschränkte Selbstbild mit Unterstützung der anderen in einer Rollenimprovisation dargestellt, es noch einmal deutlich erlebt und sodann die Botschaft erhalten: „Du darfst jetzt ruhen.“
Alle Teilnehmer und Teilnehmerinnen liegen danach bei Kerzenbeleuchtung am Boden des Seminarraumes.
Sie repräsentieren in dieser Phase ihr behindertes, eingeschränktes Selbst und sind darauf vorbereitet, im ersten Teil der Phantasiereise mit zunächst als negativ dargestellten Aspekten ihres Lebens konfrontiert zu werden. Sie sind darauf vorbereitet, sich das Sterben ihres eingeschränkten Daseins vorzustellen. Dies ermöglicht ihnen ein Loslassen und Abfließenlassen der Belastungen und Einschränkungen ihres Lebens sowie den Übergang in einen Zustand tiefer, befreiender Leere, in die hinein sie in neuer Weise Sinn gebende Symbole und Energiequellen für ihr Leben empfangen – um als entfaltete Persönlichkeit neu in das Leben zu treten.
Später findet eine versöhnende und heilende Begegnung und ein Austausch zwischen dem entfalteten und dem zuvor abgelegten eingeschränkten Selbst statt.
Viele Teilnehmer und Teilnehmerinnen bezeichneten ihre Erfahrungen nach diesem Prozess als spirituell.

Sie, liebe Leser, mögen den Text lesen, um daraus vieles über die Verbindung von Sprache und besonderen Erfahrungen kennen zu lernen. Jedoch bitte ich Sie, für diesen Zweck nicht nur einzelne Teile, sondern den ganzen Text zu lesen, da im Gesamtverlauf die im ersten Teil oft provokativ angesprochenen Schattenseiten und die Vorstellung des Sterbens wieder transformiert werden.
Auch bitte ich Sie, davon abzusehen, selbstständig andere Menschen über das Vorlesen des Textes durch diese Phantasiereise zu führen, da hierfür weitergehende Vorbereitungen und professionelle Begleitung erforderlich sind. Dies vorausgesetzt, kann der Text auch beim Lesen eine Anregung zu Neubesinnung und innerer Bereicherung sein, gerade weil hier das Leben von verschiedenen Seiten aus dargestellt wird – und weil diese wieder integriert werden.

Text der Reise

(Es erklingt alte Choralmusik.)

Du hörst diese Stimme, die zu dir spricht und dich begleitet, und du kannst alle Worte, die dich auf dieser besonderen Reise unterstützen, aufnehmen und nutzen, sodass du dabei das Beste für dich erfahren kannst, auch wenn der Weg über Schatten und Grenzen geht – um irgendwann neues, fruchtbares Land zu erreichen.
Alle Worte, die dich darin nicht unterstützen, sind belanglos und können einfach an dir vorbeifließen, während du sicher auf deiner Decke liegst und dein Körper die ganze Zeit lebendig für dich da ist, durchblutet und warm für dich sorgt – und dein ganzes Wesen in einen großen tiefen Schutz gehüllt ist. Eine weise, innere Führung, wie ein liebevolles, geistiges Wesen, erlaubt es dir, auf dieser Reise das Beste für dich zu erfahren, zu empfangen und zu lernen, und nach dieser Reise auf allen Ebenen bereichert zurückzukehren in diese Welt.

Wir treten ein in das Reich der Schattenseiten und in das Ende der Zeit.
Du bist hier angekommen als jene eingeschränkte, behinderte Person, die du im Kreise eben noch dargestellt hast. Es ist gut, dass du da bist. Du darfst jetzt endlich ruhen. Du hast hier einen Ort gefunden, an dem du vorübergehend für kürzere oder längere oder sehr lange Zeit bei dir selber sein kannst. – Bis hierher hast du noch gespielt. Bis hierher hast du etwas dargestellt. Bis hierher hast du mit anderen kommuniziert, wie du es genannt hast.

Du bist in dieses Seminar gekommen und hast noch gehofft, vielleicht durch neue Methoden irgendetwas zu ändern, aber nun ist die Zeit gekommen, in der du hier einfach liegst und es nichts mehr zu tun gibt für dich. Denn es gibt Dinge, über die wir keine Wahlmöglichkeiten mehr haben, wenn die Zeit vorbei ist, wenn die Kraft versagt und wenn das, was du bisher gelebt hast, nur noch eine Erinnerung ist, wenn es belanglos geworden ist, weil es unsinnig wurde, immer die gleichen Muster zu wiederholen, die diese Person, die da liegt, in ihrem Leben gespielt hat – diese begrenzte Person, die da liegt, die du sehr gut kennst – jene, die ihre Ängste, ihre Eitelkeiten, ihre kleinen und großen Marotten hatte, um jenes Ego, jene Wichtigkeit zu schmücken, die doch so belanglos wird, wenn die Zeit vorbei ist.

Wie ist es wohl, wenn das, was gestern noch so bedeutend war und das, was du dir für heute und morgen vorgenommen hast, ausfällt, weil die Zeit dafür, bevor du es erwartet hast, verschwunden ist.

Wie ist es wohl, zurückzublicken auf diese Person, die sich jahrelang, jahrzehntelang mit sich selbst befasst hat – sich jahrelang getäuscht hat – sich jahrelang täuschen ließ und auf diese Art so viel Lebenszeit verstreichen ließ – deine Zeit – und du weißt, wie du dich davor gefürchtet hast – hast lieber deinen Spaß haben wollen, der dich ablenken sollte – deinen Beruf und deine Aufgaben, die dich mit Stolz erfüllen sollten – deine Wichtigkeit für andere Menschen, die dir deine eigene Wichtigkeit zeigen sollte – während du immer und immer wieder die gleichen Spiele spieltest, jene Albernheiten, jene klugen Worte, jene Schüchternheiten und jene Unehrlichkeiten – wie es war, das Leben auf diese Art zu füllen, die Jugend, in der du noch fühltest, was du nicht verwirklicht hast, die Erwachsenenzeit, in der du dich geschützt hast davor, dich zu zeigen – und wie es ist, das alles nun aufzugeben – ungenutzt – erschöpft, denn du weißt, wie anstrengend es war – immer und immer wieder dich zu zeigen – all deine Muster aufrecht zu halten – wie anstrengend es war, dein Wissen zu erwerben, deine Versteckspiele – vernünftig zu sein – klug zu sein – oder gut zu sein.

Wie anstrengend war es sogar, Spaß zu haben, und die Menschen, die dir begegnet sind – mit einer Maske nur distanziert zu bemerken. Menschen, denen du vielleicht hättest begegnen können, Augen, die du vielleicht hättest sehen können … und wie es dich getrieben hat – Ziele zu erreichen – Sicherheiten zu schaffen – ordentlich zu sein – richtig zu sein – gut angepasst an diese Welt, manchmal erfolgreich – und manchmal gut angepasst sogar an Misserfolge.

Wie ist es, wenn du in ein leeres, weites Land gehst, wo du die alten Spiele einfach nicht mehr spielen kannst – und auch keine Freunde mehr da sind – und auch keine Ablenkung mehr – und kein Beruf und keine Verdienste und die, denen du deine Rolle so gut vorgespielt hast, dass sie dir geglaubt haben, dich nicht mehr finden. Wie es ist, auf eine Reise zu gehen jenseits der alten Daseinsform.

Du kannst dich noch einmal deiner ganz persönlichen Eigenschaften besinnen und wahrnehmen, was hinter den Eigenschaften, die du erkannt hast, liegt – wahrnehmen, was hinter der Wahl deines Berufes steht, ja sogar hinter der Wahl deines Erscheinungsbildes – hinter der Wahl deiner Freunde – und wahrnehmen, was du mit all dem vermieden hast, was du dir jenseits aller Ablenkung nie anschauen wolltest – wahrnehmen, wo deine Angst ist, und wie es ist, wenn all das, was es da gab, nun fortfließt.
Nur du weißt, wovor du Angst hattest, vielleicht zu versagen, das Gesicht zu verlieren – vielleicht vor dem Schmerz hinter deinem Lächeln – oder vor Gefühlen, die verboten waren in deinem Leben.
Und vieles von dem war traurig. Wie oft hast du dich mit Fröhlichkeit vor dem Traurigen versteckt, vor deiner Verlassenheit oder der Einsamkeit, die es da gab in deinem Inneren – und wie ist es, wenn all deine Handlungen eine Täuschung gewesen wären, gegenüber dir selbst, gegenüber anderen – weil etwas gefehlt hat. Es ist gut, dich dessen zu besinnen, was gefehlt hat – denn erst, wenn all die Jahre deines Lebens zusammengefasst werden, erkennst du, wie viel Zeit du wirklich gelebt hast, und wie viel Zeit du wie ein Automat funktioniertest – auf immer die gleichen Reaktionen gleich reagierend – programmiert – das Gleiche, was dich ärgerlich machte, das Gleiche, was dich ausweichen ließ – das Gleiche, was dich dazu brachte, dich zu verstecken – automatisch, wie eine Maschine, auf Knopfdruck.
Nach all dem kannst du jetzt diese letzten Momente erleben – und langsam diese Anstrengung, die dein ganzer Organismus gebraucht hat, nur um zu funktionieren, loslassen, deine Nerven, deine Gedanken, dein ganzes Gedankengebäude, deine Muskeln, all das, was du in dich hineingefressen hast – loslassen – diese Anspannung – die Zivilisation, Telefone, Autos, Partner, Kunden, Klienten, Geliebte – diese Mühseligkeit ein letztes Mal zu spüren, auch wenn du gelacht hast – und loszulassen – ganz egal, in welcher Art du selbst dich wahrgenommen hast – wonach du dich immer wieder gesehnt hast und was du doch nicht bekommen hast, egal, was du wolltest und immer wieder neu versucht hast – wie du immer wieder auf die Zukunft gehofft hast – jetzt ist die Stunde der Vergänglichkeit – und jetzt ist die Zeit der Ruhe.
Du kannst dir nun erlauben, jenen Zettel mit dem Namen dieser eingeschränkten Person neben dich zu legen – und zu dieser Person zu sagen: Dies ist deine Ruhestätte – und du kannst dir nun vorstellen, wie du alle eingrenzenden Muster deines Wesens, all die Anstrengung, all die Jahre, all die Zweifel, alle festgefahrenen Programme

komplett aus dir herausfließen lässt, neben dich, wo jener Zettel liegt, wie du dein Ego verabschiedest, es aus dir herausfließen lässt, dorthin, zu jenem Zettel mit seinem Namen.
So als würde sich ein Strom ergießen und dich leer machen, sodass diese Person neben dir sich damit füllt und du dabei leerer wirst, dass alles in dir leerer wird. Du kannst jeden verbrauchten Gedanken und jedes abgenutzte Gefühl aus dir herausfließen lassen, in Strömen aus Farben, vielleicht schmutzig, vielleicht hell. Ströme, die dorthin gehen, wo der Zettel liegt. Auch deine innere Stimme. Ob es dir warm ist oder kalt, spielt überhaupt keine Rolle mehr, einfach alles herausfließen lassen, neben dich.
Doch dein Körper bleibt bei all dem ein sicheres Haus, wird nur entspannter und leichter, indem er frei wird von all der Last.
Leerer werden – und wissen, dass es keine Zeit mehr gibt, nichts zu tun, nichts zu erreichen, als einfach loszulassen und das Verbrauchte neben dich fließen zu lassen, deine Pläne neben dich fließen zu lassen, deine alten Emotionen neben dich fließen zu lassen, das, was du hier erreichen wolltest, neben dich fließen zu lassen. Einfach leer werden – und der Stille die Pforte öffnen, Stille und Leere in dich aufzunehmen.

(Frühlingshafte Musik)

Jeder Gedanke, der noch kommt, alles, was du nun nicht mehr brauchst, zerfällt und fließt weiter fort – während die Zeit fortschreitet und du mit ihr die Zeit überschreitest, in der diese Wirklichkeit war – auch die Traurigkeit des Abschieds abfließen lassen – und alle Worte, die nicht passten, forttreiben lassen und verstummen – dorthin gehen, wo es keine Worte braucht – jenseits der Zeit, wo nur Leere bleibt – und alle Gedanken an Bedeutung verlieren und eine unendliche innere Welt sich öffnet – eine unbekannte, vielleicht leere Welt voller ungeahnter Energie und aus unbegrenztem Raum.

Indem du das erlebst, kannst du weiter leichter werden – dein Körper, dein ganzes Wesen, leichter und weiter – leer wie ein großes unendliches Gefäß – jenseits jeder Form – jede Aufgabe abgelegt – alles Alte abgelegt. Du selbst frei – als jener unendliche leere Raum … (Pause)
Und einfach da sein, jenseits der Zeit über das Nichts hinaus – in der Leere, so weit, bis du frei bist, frei, etwas zu empfangen, Energie, die aus diesem Raum heraus für dich da ist. Energie, die leben will …
(Pause)
Alles andere fort, endlich fort!

Bereit, zu empfangen, was aus diesem Raum heraus in dir leben will – und dir zu erlauben, jetzt oder später, hier oder noch viel weiter, ein Symbol des Lebens, deines Lebens aufzunehmen … (Pause)
Vielleicht verstehst du die Worte jenes Gedichtes, das eine Stimme für dich ausdrückt …

Losgebunden
ins Leere gehen in die Fülle
orientierungsfrei
nichts überall alles
die eigene Spur verweht
irgendwann
kreisen
nahe dem Selbst
endlos
am Anfang
der Worte
zum
Sein.

Denn mit der Leere beginnt ein neuer Zyklus. Du kannst dir erlauben, hier deine tiefste Energiequelle und das wertvollste Symbol deines Wesens in dein Herz zu lassen – aus dem Nichts, das einfach nur Raum dafür hat.
Vielleicht ist es ein Licht, vielleicht ein Klang, vielleicht etwas ganz anderes, was sich dir zeigen will, was in dir leben will. Du bist dabei, dich selbst zu empfangen, die Energie deiner Seele, deines Lebens … (Pause)
Dich innerlich füllen mit deiner Symbolik, ganz offen und ganz weit … (Pause)
Wie wäre es wohl, jetzt, wo du frei bist und unbegrenzt, jetzt mit dieser inneren Energie, noch einen Tag geschenkt zu bekommen – oder, mit deinem Symbol des Lebens, wenn du nur einen Tag noch hättest, was gäbe es dann, was wirklich wichtig ist – wie wirst du dich dieser Welt zeigen, wenn es diesen einen Tag noch gibt – was wirklich möchte aus dir heraus da sein – und wenn es eine Woche geben würde, wofür würdest du sie nutzen, wenn du diese Zeit noch hättest. Vielleicht für das eine, das all die Jahre gefehlt hat … (Pause)
… und wenn es einen Monat gäbe, ein Jahr oder noch viele Jahre – und du kannst wahrnehmen, was es da gibt, das dieses Leben wirklich wertvoll für dich machen wird – etwas von tief innen, etwas, das du empfangen hast oder immer noch empfängst – in jenes unendliche Gefäß, das du bist, wie Licht, das in diese Leere fällt und sie füllt

– und Freude mitbringt – alles, was du sehen und empfinden kannst, und du merkst vielleicht, wie sich in dir das Wertvollste und Schönste meldet und dir sagt, was gut ist für dich und was wichtig ist für dich in diesem Leben und dir zeigt, was du bisher noch nicht entfaltet hast, zeigt, was es sich zu vollenden lohnt – dir erkennbar macht, was wirklich zählt – dich lehrt, mit dem Herzen zu sehen – andere und dich selbst. Wie ist es, in diesem Leben von Herzen willkommen zu sein, mit all dem, was du hast, und diese Worte zu hören, welche in einer alten Kultur gesagt wurden:

Vater Natur, Mutter Natur,
mit Ruhe, mit Sorgfalt,
mit Muttermilch, mit Tau,
nicht das Wasser schreckt dich, nicht das Meer,
jeder ist echt und jeder wahrhaftig,
jeder nimmt dich wahr, achtet deine Existenz.

Du kannst dich nun deines entfalteten Namens besinnen, diesen neuen Namen erfassen, bereithalten, während du den alten einfach neben deinem Liegeplatz lässt – und wir Begleiter werden jetzt gleich zu dir kommen, dich berühren und dir sagen – „Willkommen im Leben" – du kannst dann einfach aufstehen und merken, wie schön es ist, so viel lebendige Zeit vor dir zu haben, frei zu gestaltende Zeit, viele, viele Jahrzehnte – und wenn wir dann bei dir sind – und du bist aufgestanden – kannst du mithelfen, die anderen zu begrüßen, es wird Mittag oder ein wenig später sein – und ihr könnt euch willkommen heißen im Kreis – euch vorstellen – hier bin ich – und euch zeigen – und anerkennen – und so komme ich jetzt einfach – und wir kommen alle – zu dir – du wirst leben – Willkommen hier – aufstehen – Guten Tag – du darfst aufstehen, leben, nimm dir Zeit.

(Nacheinander werden alle Teilnehmer begrüßt und erheben sich.)

– Es ist Zeit, dich vorzustellen – ein wenig zu bewegen – in dieser Art, wie du dich jetzt bewegst – und das Leben ist einfach da – Zeit, einander zu begrüßen …

(Temperamentvolle Musik, circa 15 Minuten.
Die Teilnehmer stehen in engem Kontakt im Kreise
und heißen sich mit neuen Namen willkommen.)

Nachdem du nun hier angekommen bist, bitten wir dich einfach, dich erneut hinzusetzen – auf einen Stuhl, den du findest, an deinen eigenen Platz zu gehen, ganz zu dir – den Zettel liegen zu lassen – zu deinem Platz – Willkommen – denn du bist mitten in deinem Leben.

(Entspannungsmusik, Flöte)

Wenn du deinen Platz gefunden hast, kannst du es dir dort einfach bequem machen, und wenn du magst, auch die Augen schließen – für eine kleine Besinnung – und während die Geräusche außen leiser werden, ist die Flöte zu hören – es wird stiller – und du kannst einfach wahrnehmen, wie du physisch, körperlich da bist, deinen Atem wahrnehmen – jeden Atemzug – wahrnehmen, wie du sitzt – wahrnehmen, was du empfindest – vielleicht die Augen geöffnet oder geschlossen, während draußen Schritte zu hören sind – und irgendwo hinter den geschlossenen oder offenen Augen die Welt und irgendwo du, hier angekommen – weil jede Minute das Leben neu beginnt, jede Sekunde – weil du dich im Leben immer wieder neu entscheiden kannst – dich entscheiden kannst für das Leben – dich entscheiden kannst für dich – wahrzunehmen, wo du jetzt sitzt, und wenn du magst, kannst du sogar mit deinen Händen seitwärts tasten zur nächsten Person und spüren, dass da noch jemand ist.

Du kannst diese Person berühren oder einfach dich selber spüren und diese Zeit der Stille für dich nutzen – um dich zu sammeln, und alles, was dich nährt, deine Lebensenergie, deine Kernerfüllung, deine innere Symbolik, aber auch die schönsten Momente deines Lebens – vielleicht waren es ganz kleine Momente, die du vielleicht nicht festhalten konntest, aber die dennoch wertvoll waren – und magst vielleicht einmal an solche Menschen denken, denen du etwas verdankst – oder an Menschen, denen du etwas gegeben hast – Menschen vielleicht, die dich geliebt haben, auf ihre Art – vielleicht auf ihre unvollkommene Art – auch, wenn sie es falsch gemacht haben – Menschen, die du geliebt hast, auch wenn sie es manchmal gar nicht gemerkt haben, vielleicht ist da irgendwo deine Mutter oder dein Vater – und vielleicht gibt es etwas, was euch tiefer verbindet, als du es bisher ahntest. Und es kann sein, dass die Zeit gekommen ist, sie anzuerkennen, oder mehr als das, und zu sagen: „Ich danke dir, Mutter, für das, was du mir geben konntest, all das andere werde ich selber finden. Ich danke dir, Vater, für das, was du mir geben konntest, ob es viel war oder nur wenig – all das andere werde ich selber finden."

Nun magst du vielleicht an etwas ganz Eigenes denken, etwas, das für dich in diesem Leben wertvoll war – vielleicht eine Gemeinschaft, in der du gelebt hast – Reisen, die du gemacht hast – etwas, was du erreicht hast – deine Fähigkeiten – vielleicht all das, was du getan hast und wem du dabei begegnet bist, und welche Energie in dir da ist, die leben will, die gleiche Energie, die es dir möglich gemacht hat, dich zu verändern – immer wieder neu zu lernen – zu

sein – jene Energie einfach in dir wahrzunehmen – reine unendliche Energie, die leben will – zu spüren, wie es ist, in Kontakt zu sein mit der Welt – zu wissen, dass diese Welt bei aller Unvollkommenheit doch sehr viel Wunder enthält, von denen du sogar manche entdeckt hast, solche, die dir gezeigt haben, dass dieses Leben ganz zauberhaft sein kann.
Die Bäume, das Meer, die Sonne, die Nahrung, die Gedanken, die Träume – erstaunlich, dass du träumen, denken und handeln kannst, zugleich – dieses Wunderwerk in dir – dein Nervensystem, dein Herz, deine Lunge, der Bauch, all deine Organe zusammen – immer weiter für dich da sind – ein Zuhause für deinen Geist, der sich voller Energie in dieser Welt manifestiert – und ich bitte dich, an einen Menschen zu denken, mit dem du das Gefühl von Liebe erlebt hast – über deine eigenen Grenzen hinausgekommen bist – vielleicht ungewollt – vielleicht – gar nicht richtig – aber doch jenes Gefühl – eine Ahnung – ich bitte dich, daran zu denken, was dieses Gefühl in dir ausgelöst hat – für dich selbst – und das Symbol deiner tiefsten Erfüllung und deiner größten Energie in dir zu erleben – ganz einfach von innen heraus – das, was du aus der großen Weite geschöpft hast – so, als würde all deine Energie jetzt gebraucht für einen Menschen, den du wirklich liebst – dich innerlich zu sammeln für einen Menschen, den du liebst – diesem Menschen etwas zu geben, was er wirklich braucht – denn diese Welt braucht dich – und – du brauchst diese Welt – und doch liegt darin deine Freiheit – und du kannst nun all deine Ressourcen sammeln, über die Jahre, durch deinen Lebensweg, die Erfahrungen des Lichts, der Freiheit, der Bewegung und deiner Fähigkeiten, deinen Mut, den es immer wieder gab, deine Offenheit, die es gab – all das für einen Menschen, der genau das sucht – und ich bitte dich nun, das Bild jenes Menschen vor deinem geistigen Auge erscheinen zu lassen, das Bild dieser Person, die du eben noch abgelegt hast, das Bild von dir selbst, dein Alltagsbild – und ich bitte dich selbst zu sehen – mit deinen Falten, mit deiner Anstrengung im Gesicht – im Abstand vor dir ein Bild von dir selbst – vielleicht siehst du überfordert, hilflos, angestrengt aus – aus der anderen Welt, die du abgelegt hast, einfach schauen – dir in die Augen – hinter die Augen – dir selbst hinter die Augen schauen, deinen Körper anschauen – seine Spannungen – hineinschauen ins Innere – die Organe – die Muskeln – und die Umgebung sehen, in der dieser Mensch lebt – der Stress – die Klagen des Alltags – und ich bitte dich, diesen Menschen mit den Augen der Liebe anzuschauen – mit den Augen der Dankbarkeit – denn diesem unvollkommenen Menschen dort vor deinem geistigen

Auge, dir selbst, verdankst du alles. Denn dieser Mensch tat alles, was er tat, damit du daraus hervorgehen konntest.
Hat für dein Überleben gesorgt, angepackt, sich geplagt, gehofft, sich versteckt für dich – war hilflos, ausgelaugt – für dich – und für diesen Teil deines Wesens kannst du nun all deine Energie – all deine Ressourcen sammeln – und einfach aufstehen – und an den Ort gehen, wo dieser Mensch jetzt abgelegt liegt – wo jetzt dieser Zettel ist – dorthin gehen, wo du ihn abgelegt hast, wo sein Name steht – und diesem Menschen dann – vielleicht indem du ihn umarmst – alle Ressourcen und alle Liebe geben, die er bisher vermisst hat. Aus Dank und weil es ganz das deine ist – kannst du dann ganz einfach schweigen – und hingehen zu dieser Person, und ihr alle Ressourcen, alle Liebe geben, die du hast – sie erlösen in dir und für dich – die tiefste Beziehung und die größte Liebe deines Lebens. Dieser Mensch hat sich so lange nach dir gesehnt – schon immer auf dich gewartet. Und du kannst all seine Wunden heilen.

(Musikwechsel: Eric Clapton „Tears in Heaven")

Der Prozess endet, indem die Teilnehmer ihr bisher behindertes Selbst in bewegter Atmosphäre innerlich und äußerlich annehmen und umarmen – in stillem Austausch.

ÜBERSICHT

nlp-Modelle

Medien

Literatur

Kategorien des Erlebens

Verzeichnisse

1. Zusammenstellung von Kategorien des menschlichen Erlebens

Hier, liebe Leserin und lieber Leser, finden Sie eine Übersicht zahlreicher in diesem Buch behandelter Kategorien des Erlebens, Denkens und Verhaltens – erweitert um ergänzende Begriffe.

Sinnliche Wahrnehmung:

äußerlich – innerlich (erinnert, phantasiert)
sehen, hören, riechen, schmecken, fühlen (körperlich oder emotional)
Untereigenschaften der Sinne (Submodalitäten)
Gleichgewichtsempfinden
innerer Dialog
Wahrnehmen von Sprache und Schrift (digital)

Zeitbezug:

Gegenwart – Vergangenheit – Zukunft
Makro- oder Mikroabschnitte

Verarbeitung:

denken, modellieren, konstruieren, träumen
tilgen, verallgemeinern, phantasieren
logisch – assoziierend – intuitiv
bewusst – unbewusst
Traum, Trance
Tiefenstruktur – Oberflächenstruktur
Bezugserfahrungen, Ressource
Anker (Auslöser von Erfahrungen)

Ausdruck:

sprechen, zeigen, handeln, gestalten,
singen, tanzen, lachen, schreien, weinen
Mimik, Gestik, Sprache, Bewegung, Rhythmik
Spiel, Kunst, Arbeit, Ritual

Sprache:

Monolog, Dialog
Meta-Modell, Milton-Modell
Reframing, Sleight of Mouth
Metaphern, Geschichten

Kommunikation und Beziehungen:

„Gleich und gleich gesellt sich gern." – „Gegensätze ziehen sich an."
verbale Kommunikation – nonverbale Kommunikation
Kongruenz, Angemessenheit, Rolle, Beziehung
Kontext, Feedback, Bezugsinformationen

Relevanz, Redundanz, Meta-Botschaft
Kontakt und Vertrauen (Rapport)
Beziehungsebene – Sachebene
angleichen – führen – folgen
einzeln – gemeinsam
Win-win-Prinzip

Orientierung auf Menschen:

selbst – andere
inneres Erleben – äußeres Verhalten
aus der eigenen Sicht: „Ich"-Position
aus der Sicht eines anderen: „Du"-Position
aus gemeinsamer Sicht einer Gruppe: „Wir"-Position
aus Abstand mit Blick auf das Ganze: „Meta"-Position
erleben von innen (beteiligt): assoziiertes Erleben
erleben von außen (beobachtend): dissoziiertes Erleben

Neue Sichtweisen (Umdeutungen):

Sinn-fonik-Rhetorik-Modell
neue Bedeutung, positive Absicht
zugehöriger Kontext, positive Folge
Gegenbeispiel u. a.

Entwicklungsebenen von Individuen und Beziehungen (Neuro-Logische Ebenen):

Spiritualität
Zugehörigkeit
Identität
Werte und Überzeugungen
Fähigkeiten
Verhalten
Umgebung

Weitere Meta-Programme der Aufmerksamkeit:

Allgemeines – Spezifisches
Ähnliches – Unterschiede – Alternativen
aufrechterhalten – verändern
gleichzeitig – nacheinander
führen – folgen
aktiv – passiv
aufnehmen – abgeben
weg-orientiert – ziel-orientiert
Positives erreichen – Negatives vermeiden
beteiligt – beobachtend
konkret – metaphorisch
unvollständig – vollständig

strukturiert – unstrukturiert
einzeln – gemeinsam
entweder-oder – sowohl als auch
maximieren – balancieren
entwerfen – realisieren
geplant – spontan
ernst – spielerisch
Menschen – Dinge – Orte – Informationen – Aktivitäten

2. Verzeichnis der dargestellten Prinzipien und nlp-Modelle

Dieses Verzeichnis führt die in diesem Buch behandelten Modelle und Methoden schöpferischer Kommunikation auf. Die nebenstehenden Seitenzahlen verweisen auf die entsprechenden Textabschnitte. Sie dienen als Anregung, erheben jedoch keinen Anspruch auf Vollständigkeit, da sich in den Beschreibungen und Beispielen viele Themen aufeinander beziehen und in anderer Form wiederkehren. Wer forscht, findet mehr.

Das Verzeichnis enthält auch sämtliche Methoden, die im Lehrsystem des nlp vermittelt werden und in diesem Buch über Beispiele direkt oder indirekt dargestellt sind.

Sprache und Erleben

Bezugserfahrungen .16, 18, 25 ff., 29, 54, 73, 106
Erfahrungswelt .16 f., 24 ff., 106, 113, 122
innerer Dialog .18, 30 ff., 95 f.
innere Prozesse .17 f., 24 f., 30 ff., 120 f.
Modellbildungsprozess .13 ff., 27 ff., 30 ff.
Oberflächenstruktur – Tiefenstruktur .28 ff., 62, 74 ff.
Repräsentationssysteme .24 f., 50 f.
sinnesspezifische Sprache .24 ff., 47, 49 ff.
Synästhesien .50 f.
Submodalitäten .51 ff.
Tilgen – Verallgemeinern – Konstruieren .28 ff., 31 f., 63, 109
Verbindung von Sprache und Erleben .14 ff., 21 ff., 28 ff.

Persönlichkeit und Sicht der Welt

Balance .20 f., 41 f., 43 ff., 59
internale Teile .22 f., 34 f.
Meta-Programme, Stile .37 ff.
Überzeugungen (Beliefs) .21 ff., 31, 82 ff.
Wertesysteme .19, 74 ff.

Kontakt und Verständigung

Angleichen und Abholen .36, 44, 111 f.
Angemessenheit .33 ff.
Ausdrucksvermögen .32 f., 49 ff.
Austausch .16, 44 f., 94 ff.
Beziehung .43 ff., 94 ff.
Beziehungsebenen .15
Bezugserfahrungen .16, 18, 25 ff., 29, 54, 73, 106
Bezugnehmen .18 f.
Feedback .24, 47
Fragen .46 ff., 74 ff., 107 ff.
Führen .111 ff.
gleich und gleich .43 ff.

Gefühle und Bedürfnisse .75, 94 ff.
Gegensätze, die sich ergänzen .43 ff., 97
Interpretation .26
Intentionen und Ziele .30, 36
Kongruenz .32 ff.
Meta-Programme .37 ff.
Mehrdeutigkeit .25 f., 28 ff.
Meta-Botschaft .32 f.
nonverbale Kommunikation .32 ff., 74
nonverbaler Ausdruck .24, 32 ff.
Rapport .32 ff., 43 ff.
Relevanz .18, 35
Sachebene – Beziehungsebene .15
Sensibilität .18, 33 ff., 55, 74
Sender-Empfänger-Modell .16, 35 f.
Synergie, Win-win-Prinzip .36, 43
Verstehen .17, 26, 35 ff., 63 ff.
überprüftes Verständnis .36 f.
Wahrnehmen .32 ff., 74
Wahrnehmungspositionen wechseln .35
Werten und Wertschätzung .75, 96 f.
Widersprüchlichkeit, Doublebind .34 f.

Formen schöpferischer Kommunikation

Angleichen und Führen .111 ff.
Austausch von Ressourcen .94 ff.
Dialog .überall
Hinterfragen .31, 47, 74, 107 ff.
Hypnotischer Sprachgebrauch .106 ff.
Metaphern und Geschichten .118 ff.
Phantasiereisen .136 ff.
Rede .89 ff., 107 ff.
Trance .111 ff.
Umdeuten .76 ff.

Sprachmodelle

Meta-Modell .62 ff.
Milton-Modell .111 ff.
Sinn-fonik-Rhetorik-Modell .82 ff.
sleight of mouth .82 ff.

Veränderung durch Umdeuten

Bedeutungsreframing .78, 83
Kern-Intention .80, 83
Kontextreframing .77, 83

Relativität der Wahrheit .88, 93
verbales Reframing .76 ff.
Verhandlungsreframing .22

Strukturen der Veränderung

Ankern .99 ff.
Lebensweg-Therapie .95 f.
Reimprinting .95 f.
Ressourcen aktivieren .97, 99 ff.
Ressourcen integrieren .96, 99 ff.
Submodalitäten verändern .53 f.
Überzeugungen verändern .22
Ziele und Meta-Ziele .56 ff.

Ausgewählte Themen

Ethik und Kommunikation .88, 107 ff., 125 ff.
Gesundheit im Alter .82 ff.
Jugend und Pädagogik .63 ff.
interkulturelles Verstehen .89 ff.
körperliche Erscheinung .76 f., 128 ff.
Partnerschaft .22 f.
Therapie .63 ff., 67 ff., 99 ff., 127
Wirtschaft und Beruf .65 ff.

3. Weiterführende Literatur und Medien

Zu Teil I: Ausdruck und Erfahrung

Bateson, Gregory: *Ökologie des Geistes*, Frankfurt: Suhrkamp, 1985

Cameron-Bandler, Leslie: *Wieder Zusammenfinden. nlp – neue Wege der Paartherapie*, 6. Aufl. Paderborn: Junfermann, 1992

Isert, Bernd: *Das Neuroskop, mehrdimensionale Persönlichkeitsanalyse*, Berlin: Forum für Meta-Kommunikation, 1996

Laborde, Genie Z.: *Das WIE effektiver Kommunikation*, Paderborn: Junfermann, 1997

Powell, James N.: *Tao der Symbole – vom wahren Wesen unserer Sprache*, München: Diederichs, 1989

Satir, Virginia: *Kommunikation – Selbstwert – Kongruenz*, 5. Aufl. Paderborn: Junfermann, 1996

Schulz von Thun, Friedemann: *Miteinander Reden*, Reinbek: Rowohlt, 1992

Watzlawick, Paul: *Wie wirklich ist die Wirklichkeit*, München: Piper, 1988

Zu Teil II: Austausch und Veränderung

Bandler, Richard, und Grinder, John: *Metasprache und Psychotherapie*, 8. Aufl. Paderborn: Junfermann, 1994

Bandler, Richard, und Grinder, John: *Reframing*, 6. Aufl. Paderborn: Junfermann, 1995

Farrelly, Frank: *Provokative Therapie*, Heidelberg: Springer, 1984

Isert, Bernd: *Wurzeln der Zukunft, Lebensweg-Arbeit, Aufstellungen und Systemische Veränderung*, Paderborn: Junfermann, 2000

Laing, Robert: *Knoten*, Reinbek: Rowohlt, 1990

Lao-Tse: *Tao-te-king*, München: dtv, 1985

Marcus, Erik: *Die Logik des Unlogischen*, Hamburg: Isko-Press, 1984

Schulze, Petra: *nlp – Metamodell der Sprache*, Bergen: Peyn und Schulze, 1989

Winderl, Eckard: *Hinter die Erinnerung schauen*, Paderborn: Junfermann, 1996

Wippich, Jürgen, und Derra-Wippich, Ingrid: *Lachen lernen. Einführung in die Provokative Therapie Frank Farrellys*, Paderborn: Junfermann, 1996

Zu Teil III: Sprache und Sinn

Araoz, Daniel L.: *Die Neue Hypnose*, 2. Aufl. Paderborn: Junfermann, 1992

Bandler, Richard, und Grinder, John: *Patterns. Muster der hypnotischen Techniken Milton H. Ericksons*, Paderborn: Junfermann, 1996

Grinder, John, und Bandler, Richard: *Therapie in Trance*, Stuttgart: Klett-Cotta, 1992

Gebhard, Friede, und Molzahn, Rainer: *Moondance. Geschichten-Spiel*, Heiligenkreuzsteinach: Selbstverlag, 1992

Gordon, David: *Therapeutische Metaphern*, 5. Aufl. Paderborn: Junfermann, 1995

Rosen, Sidney: *Die Lehrgeschichten von Milton Erickson*, Hamburg: Iskopress, 1990

Wallas, Lee: *Stories That Heal*, New York: Norton, 1991

Zu Teil IV: Nach innen hinaus

Andreas, Connirae, und Andreas, Tamara: *Der Weg zur inneren Quelle*, Paderborn: Junfermann, 1995

Bayer, Günter: *De-Hypno-Kassettenserie*, München: DeHypno-Verlag, 1992

Bopp, Judie, und Bopp, Michel: *Der heilige Baum. Indianische Weisheit*, Freiburg: Walter, 1984

Castaneda, Carlos: *Die Kunst des Träumens*, Frankfurt: S. Fischer, 1994

Mehlhorn, Lutz: *Hypno-Synchron-Kassetten (mit 4 Trancetexten von Bernd Isert)*, Darmstadt: Schirner, 2005

Zu guter Letzt ...

danke ich Ihnen, liebe Leserinnen und liebe Leser dafür, dass Sie dabei waren, sich innerlich beteiligt haben und, wie ich hoffe, dabei kleinere oder größere Anregungen finden konnten. Möglicherweise sind es bei jedem Mal, wenn Sie das Buch zur Hand nehmen, neue.

Gern erhalte ich Ihr Feedback. Es ist mir wertvoll für meine zukünftige Arbeit.

Ich wünsche Ihnen persönlich weiterhin viele wertvolle Erfahrungen.

Ihr
Bernd Isert

Über den Autor

Nach dem Studium der technischen und biomedizinischen Kybernetik hat Bernd Isert zunächst als Forschungsingenieur gearbeitet. Vor 20 Jahren begann sein Weg als Coach und Kommunikationstrainer. Er war inspiriert von Ideen einer neuen Art des Lernens, die seit den Achtzigerjahren in Form des NLP und der systemischen Therapie ihren internationalen Erfolg hatten.

Bernd Isert engagiert sich als internationaler und interkultureller Trainer, Prozesstherapeut (HPG), Gründer des Seminarnetzwerks *Forum für Meta-Kommunikation* und Institutsleiter von *Metaforum international*, der Akademie für Integrative Kommunikation. Seit 1990 veranstaltet er in diesem Rahmen mehrwöchige Ferienakademien, wie den Sommercampus in Ungarn und den interkulturellen Worldcampus in Brasilien. Dort treffen sich Menschen aus verschiedenen beruflichen und persönlichen Kontexten, die sich weiterentwickeln und dafür aus einem aufeinander abgestimmten Ausbildungsangebot schöpfen möchten: Coaching, NLP, Mediation, Hypnotherapie, systemische Aufstellungen, Kinesiologie und Mentaltraining gehören dazu. Begleitet von namhaften internationalen Trainerinnen und Trainern haben sich diese Programme als Trendsetter für neue Formen der Veränderungsarbeit zunächst im deutschsprachigen und nun auch im internationalen Raum erwiesen.

Homepage: www.metaforum.com
E-Mail: team@metaforum.com
Telefon: +49 (0)30/94 41 49 00
Fax: +49 (0)30/94 41 49 01

Heute versteht sich Bernd Isert als Vertreter und Entwickler ganzheitlicher Kommunikations- und Veränderungsarbeit, denn „Lösungen lauern überall". In diesem Sinne engagiert er sich für die ganzheitliche Weiterentwicklung der Veränderungsmodelle. Er gilt als Pionier und kreative Kraft für die Reform des NLP vom Neuro-Linguistischen Programmieren hin zur Neuro-Linguistischen Prozessentwicklung (NLPe), die Entwicklung des Integrativen Coaching und die Adaption systemischer Aufstellungen für die Einzelarbeit (Systemdialog). Bernd Isert ist Ehrenmitglied des *Deutschen Verbands für NeuroLinguistisches Programmieren e.V.* (DVNLP).

In seinen Büchern *Die Kunst schöpferischer Kommunikation* (2000) und *Wurzeln der Zukunft* (1996) hat Bernd Isert Ergebnisse seines bisherigen Engagements für kreative Kommunikationslösungen veröffentlicht.

Joseph O'Connor, John Seymour:

Neurolinguistisches Programmieren: Gelungene Kommunikation und persönliche Entfaltung

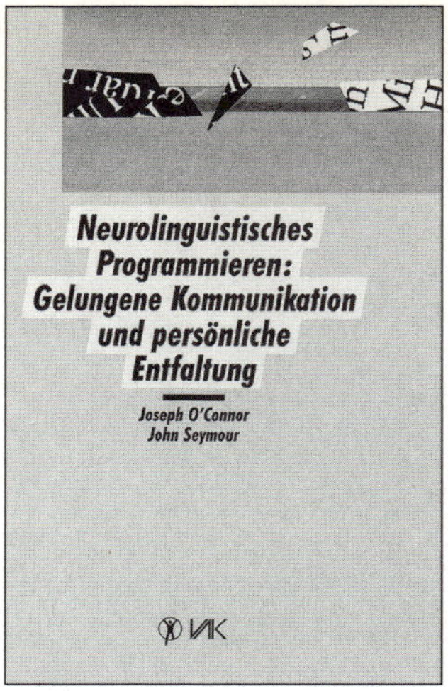

Diese umfassende Gesamtdarstellung beschreibt anschaulich die wesentlichen Grundlagen, Methoden und Instrumente des NLP, zum Beispiel: wie Sie Ziele formulieren und erreichen; wie Sie Zugang zur Welt der anderen erhalten; wie Sie sich neue Fähigkeiten, Verhaltensweisen und Gefühle aneignen; wie Sie Ihre Erfahrungen in den passenden Rahmen stellen.
Mit seinem systematischen Aufbau, seiner klaren und humorvollen Sprache sowie zahlreichen Beispielen dient das Buch sowohl als Standardlektüre für NLP-Interessierte wie auch als Nachschlagewerk für fortgeschrittene NLP-Anwender.

369 Seiten, 20 Abbildungen, Paperback (13 x 20,5 cm)
ISBN 3-924077-66-5

Joseph O'Connor, Ian McDermott:

Die Lösung lauert überall

Systemisches Denken verstehen und nutzen

Viele kennen das: Der Versuch, durch rein logisches Denken ein Problem lösen zu wollen, endet häufig in einer Sackgasse. Unser Leben und unsere Umwelt funktionieren aber nur selten nach dem reinen Ursache-Wirkungs-Prinzip. Der Versuch, größere Probleme an den scheinbar naheliegenden Symptomen kurieren zu wollen, schafft deshalb häufig nur neue Probleme.

Die Lösung lauert überall geht über das logische Denken hinaus; das Buch erläutert das systemische Denken und zeigt unterhaltsam und leicht verständlich seinen Nutzen im Privaten wie im Beruf.

284 Seiten, 47 Abbildungen, Paperback (15 x 21,5 cm)
ISBN 3-932098-29-3

Joseph O'Connor, Andrea Lages:

Coaching mit NLP

Dieses Buch bietet das Handwerkszeug für erfolgreiches Coaching. Es vermittelt auf unterhaltsame Weise die Struktur des Coaching-Prozesses und die Kompetenzen, die man vom ersten Gespräch bis zum Erreichen der Ziele braucht – etwa die Fähigkeit, treffende und wirkungsvolle Fragen zu stellen. Jedes Kapitel bringt Beispiele aus der Praxis, eine Zusammenfassung der wichtigsten Erkenntnisse sowie Aufgaben zur praktischen Anwendung. Dieses Arbeitsbuch der beiden ausgewiesenen Coaching- und NLP-Experten beweist auch: NLP ist maßgeschneidert für gutes Coaching. Eine lohnende Lektüre für Einsteiger (auch ohne Vorkenntnisse in NLP!) wie für bereits erfahrene Coachs und für Therapeuten, Trainer, Mentoren oder Berater.

240 Seiten, 17 Abbildungen, Paperback (17,5 x 24,5 cm)
ISBN 3-935767-58-7

www.vakverlag.de · www.vakverlag.de · www.vakverlag.de

Joseph O'Connor:

NLP – das Workbook

Joseph O'Connor macht Lust auf NLP, diese Richtung der Psychologie, die analysiert, wie Kommunikation funktioniert, wie wir unsere subjektive Wirklichkeit erschaffen und wie wir außergewöhnliche Erfolge erzielen. Sein Basislehrbuch kann als Grundkurs des NLP (für Practitioner) eingesetzt werden, enthält aber auch Weiterführendes: Es erklärt die Prinzipien des NLP, es vermittelt alle grundlegenden NLP-Techniken (mit vielen Übungen) und es zeigt, wann und wie sie einzusetzen sind – dies alles ebenso strukturiert wie leicht verständlich und unterhaltsam.

336 Seiten, 30 Abbildungen, Paperback (17,5 x 24,5 cm)
ISBN 3-935767-57-9

Babak Kaweh:

Das Coaching-Handbuch für Ausbildung und Praxis

Dieses praxisorientierte Grundlagenwerk bietet Orientierung angesichts der Vielfalt der Coaching-Konzepte. Der erfahrene Autor liefert eine systematische Darstellung aller Aspekte des Coaching-Prozesses. Er gibt einen aktuellen Überblick über die relevanten Coaching-Ansätze und integriert sie zu einem eigenen Coaching-Modell, das auf der Höhe der Zeit ist. Das didaktisch durchdacht strukturierte Handbuch dient den Coachs in ihrer Ausbildung als Lehr- und Übungsbuch und den Coachs in der Praxis als Nachschlagewerk. Darüber hinaus vermittelt es auch Beratern, Moderatoren und Mediatoren, Trainern, Supervisoren und Therapeuten viele praktische Impulse. Ein kompetentes Handbuch für die berufliche Praxis!

288 Seiten, 65 Grafiken, Paperback mit Fadenheftung (16 x 22,5 cm)
ISBN 3-935767-62-5

Wolfgang A. Kasper, Günther Emlein:

QuerDenken

Tools und Techniken für kreative Kicks

Sie glauben, dass nur wenige Menschen dazu in der Lage sind, ein kreatives Feuerwerk zu entzünden? Und Sie haben sich inzwischen damit abgefunden, nicht dazuzugehören? Schade! Denn Quer-Denken lockert eingefahrene Denkstrukturen und bringt frischen Wind in Ihren Kopf.

Die Autoren stellen einfach anwendbare Tools für kreative Kicks vor, mit denen Einzelne, Teams oder ganze Organisationen ihre Kreativität aktivieren können. Diese kreative Toolbox hat für jede Situation und jede Fragestellung das geeignete Handwerkszeug parat, das Ihrer Kreativität fix auf die Sprünge hilft.

128 Seiten, 15 Abbildungen, Paperback (15 x 21,5 cm)
ISBN 3-935767-33-1

www.vakverlag.de · www.vakverlag.de · www.vakverlag.de